朝30分早く起きるだけで
仕事も人生もうまく回りだす

[日]菊原智明·著
きくはら ともあき

郭宁·译

早起三十分，逆袭你人生

人民文学出版社

"ASA 30PUN HAYAKU OKIRU DAKEDE
SHIGOTOMO JINSEIMO UMAKU MAWARIDASU"
by TOMOAKI KIKUHARA
Copyright © 2019 Tomoaki Kikuhara
All Rights Reserved.
Original Japanese edition published by SEISHUN PUBLISHING Co., Ltd.
This Simplified Chinese Language Edition is published by arrangement with
SEISHUN PUBLISHING Co., Ltd.
through East West Culture & Media Co., Ltd. Tokyo

图书在版编目（CIP）数据

早起三十分，逆袭你人生 ／（日）菊原智明著；郭宁译. —— 北京：人民文学出版社，2025. —— ISBN 978-7-02-019094-2

Ⅰ．C935-49

中国国家版本馆CIP数据核字第2024J8D314号

责任编辑	陈　旻	
装帧设计	李思安	
责任印制	张　娜	

出版发行　人民文学出版社
社　　址　北京市朝内大街166号
邮政编码　100705

印　　刷　三河市中晟雅豪印务有限公司
经　　销　全国新华书店等

字　　数　75千字
开　　本　850毫米×1168毫米　1/32
印　　张　5.875　插页1
印　　数　1—5000
版　　次　2025年2月北京第1版
印　　次　2025年2月第1次印刷

书　　号　978-7-02-019094-2
定　　价　56.00元

如有印装质量问题，请与本社图书销售中心调换。电话：010-65233595

目 录

前 言 001
——"实在太忙了！根本做不过来！完全没有属于自己的
时间！"……相信我，这些烦恼通过"早起三十分"都可以迎刃而解！

为什么对公司职员来说"早晨"很重要呢？ 004
早起活动，做任何你想做的事！ 007

第一章 用好早上的三十分钟，梦想就会成真！ 001
◎ 工作棒、学习好、爱好多……令人梦想成真的"黄金时间"活用术

三十岁之前的我曾是一只"超级夜猫子" 003
早起活动使我实现年收入增长三倍，业绩提高四倍的逆转 005
一天早起一分钟，轻松适应早起模式 007
当上作家、咨询师、大学讲师……所有的梦想都实现了！ 009
早上的效率是晚上的四到五倍 012

非全勤的育儿妈妈通过"早起活动"晋升为业务经理	014
仅仅"早起三十分",就改变了人生的公司职员	017
最适于早上做的五件事：个人生活篇	019
最适于早上做的五件事：工作篇	025
第一章小结	029

第二章　首先从"一天早起一分钟"开始吧　　031
◎ 一个月的时间从"不擅使用早上的人"变身
"活用早上的达人"的简单习惯

突然早起两小时，谁也吃不消	033
"一天早起一分钟"，身体也不会拒绝！	035
新的习惯需要花时间慢慢地养成	038
利用潜意识成功实现早起	040
把目标分成四步实现，可以提高能动性	042
把"不得不起床"变成"自己想起床"的诀窍	045
早起的从容可以使本能得以充分发挥	048
第二章小结	051

第三章　有效利用早晨的诀窍是了解身体机制　053
◎ 利用大脑的三个循环，发挥自己的最高水平

人的身体运行，在一天中有三个循环　055
第一个循环："输出的时间"——早上四点到中午十二点　059
"晚上工作更踏实"只是一个错觉　063
会干活的人会在上午完成百分之八十的工作　065
第二个循环："输入的时间"——中午十二点到晚上八点　067
把费时费力的工作放在输入的时间里完成　070
第三个循环："吸收的时间"——晚上八点到次日早上四点　072
第三章小结　074

第四章　巧用各种便利工具，更高效地使用早上的黄金时间　075
◎ "手机应用软件"和"鼓舞干劲装置"成为强有力的武器

要想高效利用早上，首先学会使用各种便利工具吧　077
早起时令自己"瞬间起动"的好办法　081

"架起幸福的天线"——早上睁眼第一句话的效果 083
防止睡回笼觉最切实的方法 086
起床后先喝下"两杯醒神水" 088
工作越忙，早上越要这么做 090
让早晨变得更高效的"TODO 列表"活用法 093
第四章小结 097

第五章 能持续早起的人更会用好"前一天晚上"！ 099
◎ 让早起更轻松的小窍门：下点功夫在餐食、饮酒、读书、睡眠……

再忙，也不要熬夜和打通宵！ 101
提高"睡眠质量"比延长睡眠时间更重要 104
大幅提高睡眠质量的照明法 106
改掉在床上看手机的习惯！ 109
使用智能手机的朗读功能，"听着书"入睡 111
通过身体和头脑的排毒，大大改善身体状况 114
不影响早起活动的饮酒方法 117
要想提高工作效率，应该"吃什么"和"不吃什么" 120

工作结束时要花一分钟进行"清洁整理" 125

白天困倦时的"短时冥想法" 128

早上尽量不去看新闻 131

早起之后，因各种噪声难以集中精力时 133

明确"早起的理由"和"早下班的理由" 137

第五章小结 139

第六章　让工作和人生获得百分之一百二十满足的更高层次的"早起活动" 141

◎ 通过"早起动力革命"，打赢人生翻身仗

开始工作后的三十分钟应该抓住的三个要点 143

制作能让人鼓足干劲的装置，从早上开始"发射火箭" 147

千万不要养成"习惯性拖延"的坏毛病 150

早起做的活动必须设定时间限制 153

能够长期坚持早起活动的人，擅于把握紧张和松弛的平衡 155

为了更容易坚持下去，设定必要的"奖励时间" 158

通过百分之五的变化克服早起活动的机械重复感 161

出奇制胜打赢人生翻身仗 163

第六章小结 166

结束语 167
菊原智明令人眼花缭乱的一天

前　言

——"实在太忙了！根本做不过来！完全没有属于自己的时间！"……相信我，这些烦恼通过"早起三十分"都可以迎刃而解！

你是善于利用早晨的时间呢？

还是不善于利用呢？

要想高效利用早晨，就得比平时早起床一会儿。

读者中，也许有人已经挑战过早起。

但是，有的人好不容易起床了，却并没有收到什么效果；有的人虽然试着挑战了一下，却往往三分钟热度，没有坚持下去……

那么就请好好读一读这本书吧，相信你会有意想不到的收获。不仅工作效率会明显提高，而且从前想做而难以做到的事情也会有充分的时间去做了。

因为，本书就是为了"用好早晨的时光，进而度过充实

的一天"而专门写的。

- 利用好早上的时间（早起活动），可以做哪些事？
- 怎样才能毫不费力地早起？
- 早起还会带来哪些预料之外的惊喜？

本书将明确地回答以上这些问题。

其实，一直没能好好利用早上的人，往往并非因为血压低起不来床，而仅仅是因为不知道早起的诀窍和身体的构造而已。

早起活动是有"成功的秘诀"的。

我会把这个秘诀告诉给大家，请继续读下去吧。

为什么对公司职员来说"早晨"很重要呢？

最近，渐渐兴起"早起活动"的热潮。

其理由之一是"工作方式的改革"①。

最近各家公司的一个重大课题就是如何应对"工作方式的改革"。

您公司的工作方式是否也发生了很大的变化?

所谓"工作方式的改革",就是要把公司职员从加班到深夜的令人生畏的工作体系中解放出来。

然而,这种改革并非只有好的一面。

很多人发现,改革之后不仅工作量没有减少,工作时间反而受到了限制。

我认识的一位公司职员感叹说:"要做的工作还是那么多,老板却命令,'赶紧下班!'一到晚上六点就会被公司赶出来。"

据说电脑也会自动关闭。

如果把剩下的工作带回家,老婆和孩子又会说"不要在家里工作",弄得我只好躲在家庭餐厅或咖啡馆工作。

---

① 日本于近年兴起的减少加班时间的改革。——译者注

而那种咖啡馆里有着同样遭遇的公司职员越来越多，有时都没有空位。

在哪里工作好呢……这种寻找工作场所，到处"打游击"的"工作难民"越来越多了。

我当然赞成通过工作方式改革缩短不必要的加班时间。

但只是单纯限制工作时间就没有意义了。

"工作不断增加，但不许加班"这样下去，公司只能越来越混乱。

事实上，也确实没有听说过哪家公司因为工作方式改革而"降低了对工作量的要求"。

即使公司规定了"不加班日"，也绝不会说"不用完成定额，只要按时回家就行"。

另一方面，工作方式改革的趋势是不能改变的。

在工作时间受到限制的情况下，只能想办法应对。

为了更好地应对工作方式改革的浪潮，只能有效利用早上的时间，"早起活动"就变得非常必要了。

这已经不是"如果能"而是"必须要"的问题。

不能很好地早起活动的人，在令和时代是行不通的。

早起活动，做任何你想做的事！

以上我讲了"早起活动"的必要性。

但是，早起活动的意义远不止于此。

从"我只能"，到"我想要"。也就是"我想做这个！""我也想要那样！"—— 早上的时间可以帮助你实现这些梦想。

通过早起活动，以往因为"没有时间"而无奈放弃的梦想都会一一实现。

我本人就是通过早起活动，从一个"**每天痛苦加班的悲催营业员**"变成了"**每天都能按时下班的顶级营业员**"。

同时，我的"**作家梦**""**咨询师梦**""**大学讲师梦**"等都**一一实现了**。

我的"早起活动"开始十五年了。现在每当和别人说起我一天的工作量，他们都会惊讶地感叹："哦？怎么可能做得了那么多事情呢？！"

而且是在早上的两个小时内完成了这些工作！

当然。只要有时间谁都可以尽情地做自己想做的事情。

我不是一个能力超常的人。

读了这本书，你会明白这并不是我的谦辞。

像我这样平庸的人，通过早起活动都能取得这么多成果，读者们就更没问题了。

并且，<u>**早起活动不仅有助于工作，还可以用于提高自我，充实兴趣，拓宽人脉，锻炼身体，开展副业……创造出许多可以自由支配的时间，尽情打造丰富多彩的未来人生。**</u>

人生可以更多一些"奢求"。

如果你也想通过早起活动度过"更奢求"的一天、"更多彩"的人生，现在正是改变的机会。

拿起这本书是"早起活动"成功的第一步。

让我们通过"早起活动"来实现所有的梦想吧。

第一章

用好早上的三十分钟，梦想就会成真！

◎ 工作棒、学习好、爱好多……令人梦想成真的"黄金时间"活用术

三十岁之前的我曾是一只"超级夜猫子"

我开始"早起活动"已经十五年了。如今已经完全变成一只勤奋的"早起鸟",但从前却是一个十足的"超级夜猫子"。

先跟大家说说三十岁以前的我吧。

我的"熬夜生涯"是从初中时代开始的。

当时流行一种"角色扮演"的手游(Role-playing game)。因为总想比小伙伴们更早通关,所以通常一玩就到深夜。

之后历经中考、读高中等,印象中初中以后就再也没有早于深夜两点睡过觉。

上大学以后，就更加变本加厉了。

因为时薪高一些，所以那时总是去便利店打从晚上十点到清晨三四点的夜工。

结果我发现自己变成越到深夜头脑越清醒，身体也越爱动的"夜行动物"。

这种习性在参加工作之后也没有改变。

当时还没有工作方式改革，加班到深夜是理所当然的。

身为一名业绩不佳的悲催营业员，更没理由比上司早回家。

—— 尽管没有什么明文规定，但周围气氛就是这样的。

每天深夜十二点多才能回家，稍微一磨蹭就两点多才能睡觉了。

好不容易睡着了，感觉一转眼就到了早上。

当时我入睡前习惯喝一口酒，所以不难想象等待着我的简直是地狱般的早晨。

每天拖着像铅一样沉重的身体，痛苦不堪地往公司挪蹭。

这样的生活一直持续到三十岁，我完全是个彻头彻尾的超级夜猫子。

即使咬着牙勉强挨到了公司，头脑也一上午嗡嗡作响无法转动。

工作不得不往后拖，回家也就越来越晚。

在这样的恶性循环中，工作上当然总是出错，明明应该签到的单也签不到了。

从进入公司到三十岁之前的七年间，我的营业成绩一直是最差的。

早起活动使我实现年收入增长三倍，业绩提高四倍的逆转

我的超级夜猫子型的悲催营业员生涯，在三十岁的时候突然出现了转机。

那时候我们公司的工作风格突然发生改变，营销方式从直接访问型改成投递书信型了。

通过这次改革，我的业绩出现了大幅上升。

这成为我开始摆脱前七年的悲催营业员生涯的契机。

但是，这时有一堵很高大的墙横在了我的面前。

这个障碍就是伴随着营销业绩的提高，我的事务性工作不断增加，工作量越来越大，更加无法按时回家。

在悲催营业员时代是因为无法完成定额，只能硬着头皮陪别人加班。

那时的梦想是"早点完成定额，按时回家"。

但是，现在明明可以顺利完成定额堂堂正正地回家，却因为工作量增加而回不去了。

这真是太令人懊恼了。

于是我第一次打起活用早上时间的主意。

虽说认识到了早起的必要性，但三十年来养成的夜猫子型生物钟却很难改变。

一下子读了好几本关于励志早起的书，虽然好不容易爬起来，却因为实在太困，身体根本不听使唤。

所以起是起来了，但依然一事无成。

一天早起一分钟，轻松适应早起模式

由此我开始考虑长期战术。

我设定了每天比前一天早一分钟的闹钟。

果然，每天只早起一分钟就不会觉得太辛苦了。

于是第二天早上也早起一分钟，第三天早上还早起一分钟……这样**一个月后，我成功地挤出三十分钟的时间。**

一向小心谨慎的我在挤出三十分钟后，就不再继续延长了。

其实所谓"小心谨慎"是挑好听的话说，主要是因为我没有继续延长的毅力。

我在这宝贵的三十分钟做的事情主要是：

• **制订工作计划**

- 写博客
- 读书

现在想想也没做什么了不起的事情。

只是,早上稍微早点起床本身就让人感觉很舒服。

这与一边担心迟到,一边慌里慌张地往公司赶的心情差别太大了。

心情变好了,工作当然进展顺利。

工作越来越提前开始,下班的时间自然也越来越早。

这时,良性循环就开始运转了。

之后,我自然而然地就形成了早睡早起的习惯。

半年后,我成功转型为"能按时下班的顶级营业员"。

变成早起鸟后,我最后悔的就是,"为什么没有更早开始早起活动呢"?!

我工作的公司除了固定工资以外,还有根据业绩能拿到的绩效工资。

所以工资会根据业绩而变化。

于是，我成功实现了年收入增长三倍，业绩提高四倍的逆转。

当上作家、咨询师、大学讲师……所有的梦想都实现了！

从"每天硬着头皮不得不加班的悲催营业员"跃升为"每天轻松按时下班的顶级营业员"。

这种戏剧性的逆转仅仅是因为每天早起了三十分钟。

光是这样，对我来说已经十分惊喜了。

我在连续四年荣任公司首席营业员后，就选择从公司出来，自立门户了。

当时，女儿正好一岁，还是个小婴儿。

因为要居家办公，所以"需要赶在女儿起床之前工作"，于是我把起床时间定得更早一点。

原本就切实感受到早起优越性的我，这下更体会到清晨活动的威力。

早早起床可以意气风发地投入工作，更加集中注意力，也更高效。

比起效率，更重要的是心情也变得非常好。

亲身感受到了早起活动的各种好处，我便越来越陶醉于清晨的活动中。

不知不觉，我竟然达到每天早上四点起床。

关于具体方法，我在后面的章节中慢慢说明，敬请期待。

当我告诉别人自己的情况时，他们会说："啊？四点起床吗？那外面不是还一片漆黑吗？"

从秋天到冬天确实是一片漆黑。

但是，那又怎么样！

首先刚起来的瞬间便会自豪地想，"嘿！今天又比太阳起得早！"心情就会很愉快，同时会有"没人会这么早起床活动吧？"的奇妙感觉。

在冬季，就算喜欢早起的人一般也会在六点左右起床吧。

那么**四点起床的话，至少会有整整两个小时的富余时**

间,可以自由地使用!

光是想到"一下子有两个小时属于自己的自由时间!"就很兴奋。

再说一遍,原本意志薄弱的超级夜猫子的我,竟然有了这么大的改变!

我早起活动最开心的事情是玩博客。(住宅营业员日记 http://plaza.rakuten.co.jp/tukil/)

刚开始的时候,仅仅更新博客就已经很开心了,但是不久就收到越来越多的回复和评论,我也就越来越着迷了。

以更新博客为契机,开始有人找我谈出版的事情。

我做梦也没想到,自己竟然会成为一本书的作者!

出版了第一本书之后,又开始有各种各样的企业找我去做企业研修指导,渐渐地,我作为一个营业咨询师已经可以维持生计了。

之后又在十年前因为这个缘分开始担任大学的讲师。

作家、咨询师、大学讲师,都是我的梦想和最想从事的职业。

一切都是从早起更新博客开始。

如果没有早起活动，什么都无从谈起。

早上的效率是晚上的四到五倍

现在有很多企业向我打招呼，让我写书、指导研修和演讲等。

对我来说是十分难得的事情。

我已经多次说过，自己是个普通得不能再普通的人。

既没有超群出众的能力，也与企业和出版业界完全没有渊源。

我土生土长于群马县，至今仍居住在群马县。

如果追究起出身的话，就是一个长期被动熬夜却难以完成业绩的悲催营业员。

当年的我之所以能取得今天这些成就，完全是托了早起活动的福。

我从早起活动中得到无法估量的恩惠。

如果只用一条理由回答早起活动的好处，我会毫不犹豫地归结为"早晚效率相差太悬殊了"。

在我看来，早上的效率能达到白天或晚上的四到五倍。

为什么能讲得这么具体呢？

我是用写书稿的时间比较出来的。

当我第一次准备出版，在写原稿时，我曾深信"书稿应该放到晚上写"，所以一开始是用晚上的时间写的。

我给自己规定的工作量是每天写两千字（四百字稿纸五张），晚上写的话怎么也要花上两个多小时。

而且，书稿的精准度也不够，早上起来重读时往往会一声叹息"唉，看来还得重写……"。

我觉得这样下去恐怕完不成任务了，于是决定用其他时间来试一试。

我大学学的是理科。

我的专业是材料工程，曾做过陶瓷的断裂试验。

实验是一边改变条件一边反复进行的。

这是我擅长的领域。

于是我尝试用各种各样的时间段写稿，结果发现早上的效果格外好。

晚上要花两个多小时写的原稿，在早上只要三十分钟左右就能写完了。

而且书稿的质量也很令人满意，几乎不用重写。

打那以后，我再也不用晚上的时间写原稿了。

看起来，写文章这样的"创造性工作"，早晚做的差别是相当大的。

一旦体验到了"早上的威力"，我就再也不可能退回去了。

非全勤的育儿妈妈通过"早起活动"晋升为业务经理

光以我自己为例也许说服力不够，我再介绍另外两个通过早起活动成功改变人生的实例吧。

第一位是在某大型汽车公司工作的N女士（四十多岁）。我是在一个研讨会上认识她的。

这个研讨会费用不菲，不是一般随意参加的，来的都是抱有很高期待的人。

在这个"高手云集"的研讨会上，N女士的口才很突出，很是引人注目。

第一眼看到她的时候，我想："这一定是一位不惜牺牲私人生活，全力以赴工作的职业女性吧。"

但是，实际聊起来才发现，她竟然是一位兼顾工作和家务，而且正在抚育孩子的妈妈！

N女士说孩子出生后她开始养成早上工作的习惯。

之后，她在半天班的工作中由于业绩突出还被晋升为业务经理。我觉得对全国的育儿妈妈来说这都是非常励志的吧。

N女士的早上从四点开始。

早上起床后，首先用热豆浆让头脑清醒。

接下来通过广播体操和拉伸运动唤醒身体，促进血液循环。

偶尔感到当天还残留着疲劳，或是有点心烦意乱的时候，再做数分钟"冥想"，让心情平静下来。

之后做好家人的早饭，六点出门。

到了公司，在上司和成员到齐之前的一两个小时内，列出"要做的事情"，并着手需要优先处理的重要工作。

N女士做的是非全勤的工作，她下午四点三十分下班。

为此，她会在早上刚到公司的一两个小时内集中处理工作。

处理了重要的工作之后再进入一般性的工作，就可以毫无压力地完成剩下的普通工作。

N女士一边在其供职的大型汽车公司面向世界做着全球化的工作，一边认真地养育孩子，同时享受与丈夫共处的美好时光。

此外还通过参加研讨会、学习教材等为自己的成长投资，真是位了不起的人。

所以请大家也像 N 女士那样，用"早起活动"实现各种梦想吧。

仅仅"早起三十分"，就改变了人生的公司职员

下面再介绍一位在大型住宅制造企业工作的年轻职员的例子。

在我的研修班里，有一个快速成长的营业员 A 君。

之前 A 君的业务成绩一直是中等水平，最近他的业绩一口气提高了很多，令他一下子跃升为顶级业务员。

在营业会议上部长问 A 君理由，他自信满满地回答说"因为我每天提前三十分钟出门"。

部长和其他营业员都对这个回答感到很意外，他们说："嘿，你是在开玩笑吧？"

大家都认为 A 君一定是掌握了什么新的营销秘诀。

也许别人会觉得意外，但我却能很好地理解他的本意。

那之后，部长详细询问了A君的情况。

以前的A君总是在就要迟到的前一秒仓促赶到公司，所以总是一副慌里慌张的样子。

因为从早上开始就非常紧张，所以到公司的时候已经额外耗费了许多体力，感到很疲劳了。

以这种混乱的精神状态开始工作，很容易和周围的人以及相关人员发生各种摩擦及纠纷。

又因为与客户交谈是在烦躁的状态下，所以本该顺利进行的业务也难以推动。

就这样本来拥有的能力无法得到正常发挥，进入恶性循环。

我的研修课程里有关于时间术的内容。

A君使用了我推荐的"早起三十分"的时间术，每天提前三十分钟去公司。

这样就能比平时更心平气和地上班了。

能轻松愉快地到达公司，就能在良好的状态下开始工作。

在职场的人际关系融洽了，也可以精神饱满地应对与客户的业务谈判。

营销是深受心理状态影响的职业。

早上以轻松的心态开始工作，让 A 君爆红了。

他既不是掌握了什么营销技术的诀窍，也不是在逼自己努力发愤图强，而只是在早上早起了三十分钟而已。

他一举取得了合同数量增加两倍、合同金额提高百分之二百五十的遥遥领先的业绩。

A 君只是通过提前三十分钟上班这个简单的行动就得到了这样的结果。

仅仅这样已经相当令人满意了。如果能够利用这三十分钟再做一点有利于工作的事情，就会更加事半功倍。

最适于早上做的五件事：个人生活篇

在第二章以后，我将向大家介绍有效利用早上的具体方法。在这之前，我想先告诉大家"在个人生活方面最适于早上做的五件事"。

适于早上做的理由是容易形成习惯。晚上往往会因为太累而很难坚持下去，放在早上的话就比较容易继续了。

当然，除了我的推荐以外，其他任何事情也都是同样道理。

"早上起是起得来，但是不知道该做点什么好"的人，就请参考一下试试看吧。

1．打磨自我

所谓"打磨自我"，一言以蔽之，就是通过打磨自己的外表或内心，努力使自己变得比现在更有魅力的行为。

从外表来说，保养皮肤也可以，认真挑选西服和领带也可以，花时间设计喜欢的发型也可以。

从内心方面来说，可以在早上把自己尊敬的人的话写下来，或者读一读，趁着头脑清醒时印到脑子里，等等。

我推荐的是"笑容练习"。

把早起活动的时间用在让自己变得更有魅力上，是个不错的主意吧?

2．塑造身体

最近，塑造身体的人增加了。很多男性不再追求以前那种健美运动员一样肌肉发达的体形，而是以塑造适合自己的体形为目标。

女性也不只以削减体重的减肥为目标，也会好好地锻炼肌肉，使自己的身材看上去凸凹有致，更富魅力。

塑造身体不用特意去健身房借助器具锻炼，也可以通过自重（自己的体重）达到运动目的（比如做俯卧撑和深蹲运动）。

身体和内心是紧密相连的。

身体好就会更有自信，早上开始运动的话，心情也会更好。

3．促进健康、保养身体

要想取得好的工作业绩，身体状态好是很重要的。

可是，即使明白这一点，现实中也往往是在身体发生不适，或已经生病后才保养的吧。

我们通常把工作放在第一位，所以即使身体发出"有点不舒服"的信号，也往往被忽视掉。

我认识的一位社长说："每天早上做五分钟的伸展运动之后，身体状况明显好转。"

利用早上的时间做一点儿对身体有益的事，身体一定会回报你。

4．发布信息

现在我们已经进入"人人自媒体"时代。

博客、SNS（社交网站）等几乎都是免费的，所以很方便。

工作的事，自己的感想和日常生活等都可以发表。

通过每天早上更新博客，可以使自己的世界变得更宽广。

我最初是在博客里发表一些在公司发生的事情（包括抱怨等），但是，慢慢就觉得"既然有这个平台，不如发表点儿有助于营销的信息"，于是博客内容越来越丰富了。

诸如此类，是不是可以利用好早晨挑战一下呢。

5．创业准备

已经没有多少人会觉得现在的公司会保护自己一辈子了吧。

如果在现在的公司干得不顺利,当然也可以跳槽,但有一天自己主动创业,自己决定工作内容,也是一个不错的选择吧。

那一天也许比自己想象的来得要快。

突然离开公司往往会令人不安,但是提前做好准备的话就会放心许多。

早上可以带着积极的心情做好创业准备。

如果公司允许做副业,还可以选择在"在这里(coconala)"网上注册(网上技能交易跳蚤市场),在自己擅长的领域赚一笔钱吧。

如果公司禁止做副业的话,我想可以安排学习未来想做的工作。

最适于早上做的事情：个人生活篇

1．打磨自我
- 保养皮肤和身体
- 读书
- 用智能手机听英语，等等

2．塑造身体
- 利用自重（自己的体重）锻炼肌肉
- 喝蛋白质
- 慢跑，等等

3．促进健康、保养身体
- 吃对身体有益的食物
- 做拉伸运动或瑜伽
- 散步，等等

4．发布信息
- 更新博客
- 在 SNS 上发布有用信息，等等

5．创业准备
- 收集对创业有帮助的信息
- 通过从事副业拓展自己的技能，等等

最适于早上做的五件事：工作篇

这里再来介绍一下"在工作方面最适于早上做的五件事"，也就是在上班前早上可以做的与工作有关的事情。

一．交流沟通

我觉得早起活动最有效果的就是交流沟通。

早上和家人聊天。

在时间充裕的情况下，就可以很从容愉快地交流。

和家人吵着架离开家和心情愉快地离开家，在面对工作的精神状态上会有天壤之别。

同样，如果能提前去公司的话，在公司的交流也很重要。

如果能和上司、同事、部下愉快地沟通，工作当然会顺利进行。

二．预览会议资料

不仅是会议资料，总之预备今天在公司要做的各种事情。

回想起学生时代，提前预习过的科目就更容易理解，对老师的讲解也更感兴趣。

即使只能在短时间内匆匆过目一遍资料，只要脑子里会有"今天要做这件事"的印象，效果就不一样。

要知道，八成的工作取决于你是否做好了思想准备。

三．制作企划书

即使想在公司里认真思考工作计划，往往也很难想出好方案。

而且，有时好不容易进入状态开始思考，又会有上司来给你布置工作，部下也会来请示问题，很难安静地思考。

早上就可以全神贯注地去做，那时头脑也最清醒。

可以用比白天短的时间做出更好的企划书。

四．想新点子

无论多么好的想法，不把它输出到脑外就无法使用。

早上的时间是最适合"输出"的时间段。

无论是采用思维导图、头脑风暴，还是用棒球运动员大谷翔平最著名的曼陀罗计划表（九格乘以九格写创意）都可以。

用自己喜欢的方法，试着提出有关工作的好点子吧。

五．任务整理及预想训练

在开始工作之前，先想好"今天应该做什么"，然后整理好工作任务吧。

制作并确认当天工作的TODO（要做的事）列表决定优先顺序，也是一个好方法。

整理好要做的事情后，预想一遍一天的活动。

这样做的话，当天的工作效率就会大大提高。

最适于早上做的事情：工作篇

一．交流沟通

・和家人交流

→投入工作的精神状态会发生变化

・工作前和上司、同事、部下交流

→当天的工作得以顺利进行

二．预览会议资料

→不仅是会议资料，也可以预备当天的工作

三．制作企划书

→头脑清爽，可以集中精力去做

四．想出点子

→活用思维导图、头脑风暴、曼陀罗计划表等。早上是最适于"输出"的时间段

五．任务整理及预想训练

→整理当天的工作任务。制作 TODO 列表

　决定工作的优先顺序，预想一天的活动

第一章小结

· 无论是多喜欢熬夜的"夜猫子",只要有一个月就可以转变成"早起鸟"。

· 变成"早起鸟"后,就可以达到零加班,年收入增长三倍,业绩提高四倍。

· 以早晨为中心的生活,可以实现所有的人生梦想。

· 早上的产出率非同凡响,可以是白天和晚上的四到五倍。

第二章

首先从"一天早起一分钟"开始吧

◎ 一个月的时间从"不擅使用早上的人"变身"活用早上的达人"的简单习惯

突然早起两小时，谁也吃不消

在上一章我已经讲过自己曾是一个不折不扣的超级夜猫子的故事了。

在成功实现向早起达人的转型之前，我也曾多次赌咒发誓："从今往后一定洗心革面彻底转变为早起鸟！"

如今谨小慎微的我，当年却非常急于求成。

当时会把每天七点三十分起床一下子提前两个小时，改为五点三十分起床。

突然早起两个小时会怎么样呢？

即使依靠毅力咬牙爬起来了，大脑也会嗡嗡直响完全不好使。

就算那一天努力熬着没有再睡过去，却什么事情也做不下去。

而且就算勉强支撑着到了公司，也会像喝多了宿醉一样，脑子根本不运行。

这种情况下，即使起得再早也没有任何意义。

当然也坚持不了两三天。

之后也曾不甘心失败，又挑战过几次，却都不得不半途而废了。

每次都是一下子早起两小时。

看来突然勉强自己大幅度早起，身体是跟不上的。

想要成功养成新习惯，请大家记住一个秘诀，

那就是"儿童步伐"这个词。

也就是说，**不要勉强，可以从一小步一小步、相对简单的做法开始。**

似乎即使没有听说过"儿童步伐"这个词，人们也会不自觉地使用这个办法。

比如一个很不愿意学习的人"暂且先坐到书桌前，打开习题册"，一个想做慢跑运动却总是下不了决心的人"总之换上运动鞋走到户外"，都是"儿童步伐"的做法。

不论多么小的一步，只要迈出去就是有意义的。

只有坐在书桌前打开习题册，才会开始学习；只有换上运动鞋来到户外，才会想跑起来。

小小的行动会像机井引水一样，引来汩汩的清流。

不论多么有毅力的人，一下子早起两个小时都很难坚持下去。

长年养成的习惯不是那么轻易能改变的。

"一天早起一分钟"，身体也不会拒绝！

早起这件事是典型的"明知有好处却难以做到"的事。

那么，怎样才能养成早起的习惯呢？

我的提议是首先把"早起三十分钟"作为自己的目标。

比如每天七点三十分起床的人，把早起三十分钟，也就是七点起床作为目标。

习惯了以后，可以再慢慢改成六点三十分、六点起床。千万不要勉强自己。

即使只是早起三十分钟，为了保证成功，我还是推荐"儿童步伐"法。

这个方法就是我所采用的"一天一分钟早起法"。

可能有人会想："哦？只是一分钟能行吗？"

每天只要早起一分钟，五天以后就是五分钟，十天以后就是十分钟。

一个月以后就会正正好好早起三十分钟。

不论做什么，总有人会急于求成。

这种心情是可以理解的，但"千里之行始于足下"。

不论多么远大的旅程，都要从第一步开始走起。

我想大家都希望能够早日成为"活用早晨"的达人。

"活用早晨"的达人，指的是"可以用早上的两小时完

成百分之八十的工作的人"。

达成这个目标的旅程,要从"一分钟"开始。

早起这件事,比起减肥,更容易反弹。

一直以来睡得很舒坦的人,即使下定决心要早起,也很容易像从前的我一样受挫回到过去。

与其硬撑着起来再反弹,不如一天积累一分钟,反而效果要好得多。

人类具有"维持现状的本能"。

这被称为体内稳态,就是为了抵抗新的变化,维持一贯的生活模式。

因为对人体来说,变化是一种危险和威胁。

突然早起也是同样的道理。

很多人即使勉强早起,也坚持不了三天就结束了,就是因为维持现状的机制起作用了。

所以并非没有毅力,或者是体质不适的问题。

然而,维持现状的本能对一天一分钟的变化是很难察觉的。

这便是成功早起的秘诀。

新的习惯需要花时间慢慢地养成

维持现状的本能与人的潜意识是紧密相连的。

大家都知道人的意识中有显意识和潜意识。

正如"冰山一角"这个词所形容的那样,显意识与潜意识的比例大约为一比九。

这个比例在不同的文献中会有所不同。总之比起自己能意识到的显意识,意识不到的潜意识有着更大的力量。

潜意识不仅影响力大,而且很难把握。

它不会按照我们的意志而动。

比如说,开始早起活动。

头脑中清楚地知道,这对自己来说是有意义的。

但是,潜意识却在想:"咦? 怎么和往常不一样啊? 必须阻止!"

与自己的意志相反的是,潜意识会有"没必要这么勉强自己"的想法,会下意识地加以阻止。

当然，潜意识并不是恶意。

它是为了保护主人的身体而阻止新的变化。

为了早起活动成功，必须跨越这道障碍。

正如刚才说的那样，**一天一分钟的话，潜意识也不会认为是一种威胁。**

本来一分钟就在判断的误差范围内，所以潜意识甚至不会注意到这是新变化。

我们就要趁着这个机会一天积累一分钟。

这样一来，不知不觉就有了三十分钟的时间。

养成习惯之后就变成了自己的时间。

这样的话，早起三十分钟就变成正常状态，而睡懒觉就变成异常状态了。

相反，当想要停止这种习惯的时候，反而会因为已经适应了新的变化，而感到心里不舒服。

接下来，潜意识就会帮助我们维护新的习惯。

所谓潜意识，恰恰就好像"刚开始时不好相处，一旦融洽就会变得很亲切的倔强的老工匠"的感觉。

成为伙伴的话就非常具有存在感。

为了早上得到三十分钟自己的时间，就需要花三十天来习惯

耐心地做这样的准备工作是非常必要的。

利用潜意识成功实现早起

关于潜意识，还有一个特点需要知道。

它具有"设法把期待的事情现实化"的功能。

如果发出了某一指令，它就会为实现主人的梦想，而收集各种情报。

当然，这个功能也需要注意使用方法。

使用方法不当反而起反作用。

潜意识有"无法识别否定形式"的特征。

比如，我说："明天不想睡懒觉。"

主人输入的"不想睡懒觉"这个指令，只有"睡懒觉"

这个关键词深深地刻在了脑中。

于是潜意识就判断为"这是希望睡懒觉吧",从而就帮你实现了。

我打高尔夫时,越是想着"绝对不要打进水塘里"就越会犯这个错误,一定会准确无误地打进水塘里。

总之潜意识是既方便又有力的伙伴,但是必须要注意使用方法。

那么,怎么办才好呢?

其中一种方法就是,为了不让潜意识误解,避开否定形式,将想要实现的目标"可视化"。

具体来说,把要早起的目标写在笔记本或智能手机的备忘录上。

例如,

· 早上会轻松地起床!

· 早上头脑和身体都很灵活!

· 我就是早起达人!

就是这样的感觉。

要预先认真地写成文字，反复地看。

如果能多次正确输入大脑的话，潜意识就会说："噢？你是希望这样啊？好！我来帮你吧。"

最好把这个指令放在经常能看到的电脑的待机画面上。

如果一天能正确地输入五次、十次的话，潜意识就不会误会了。

用智能手机也可以。

总之，看到的次数越多，命令就越会被正确地输入大脑。这样的话就能顺利实现。

潜意识虽然笨笨的，却是一个非常强有力的伙伴。

只要下对了指令，早起就一定会成功。

把目标分成四步实现，可以提高能动性

尽管我们的大目标是养成早起三十分钟的习惯，但是

要做到这一步还可以先分别设定五分钟、十分钟、二十分钟、三十分钟的小目标。

像这样把目标分成简易的四个步骤，就更容易激发早起活动的积极性。

这里还有一个要注意的地方。

在这个阶段，请不要因为"对工作有帮助"或"对自己有好处"等，而把目标设定为枯燥的学习和剧烈的运动等比较艰苦的事情上。

在这个阶段，请尽量选择轻松愉快的事情作为目标。

因为我们第一步最优先的是让"早起"形成习惯。

我想你小时候也有过"郊游那天最容易醒来"的经验。

长大后会有"只有旅行和打高尔夫的日子才能醒得早"的体会吧。

不知为什么，第二天有开心的计划的时候，爱睡懒觉的人也能心情舒畅地早早醒来。

总之，在身体习惯之前，请把自己喜欢的事情、心情

愉快的事情写在纸上，让自己一睁眼就能看到。

怎么也想不到该写什么的人，可以参考一下第一章中介绍的"最适于早上做的五件事：个人生活篇"。

当然也可以是其他更轻松愉快的目标。

五分钟、十分钟、二十分钟、三十分钟，如果早上有了这么多的时间，请制定一下想做什么的目标吧。

例如，

· 五分钟……品尝喜欢的饮料（咖啡、香草茶、珍珠奶茶）

· 十分钟……吃甜品

· 二十分钟……早上淋浴，手机游戏

· 三十分钟……读喜欢的书，做感兴趣的事

就是像这样的感觉。

请注意千万不要贪婪地设定与工作相关的目标。

身体很诚实，只要稍微有点"明天不愿意起床"的感觉，

就很难习惯化了。

只有当感觉已经完全习惯了早起三十分钟后，才可以切换到本来的早起目标。

但是，即使早起活动习惯化了，也请不要勉强自己做不愿意的事。

可以不把三十分钟全部用于工作，而是用一半的时间做感兴趣的事。

请不要忘记还有反弹的风险性。

把"不得不起床"变成"自己想起床"的诀窍

早起活动失败的人往往怀着"不得不起床"的被动心情，因此很难使早起习惯化。

光凭义务感确实很难做到持续早起。

即使一开始能靠意志勉强坚持的人，随后也会找"今天好像有点感冒""昨天喝得有点多"等各种借口而偷懒吧。

这样一来，好不容易养成的早起的习惯就会崩溃，结果再次回到原来的状态。

要想长期保持早起活动的习惯,就要把"不得不起床",改变成"自己想起床"。

为此,最好把最开心的事安排到早上。

像我这样喜欢写博客的人,会期待"早上起来可以马上写博客"。

另外,如果是喜欢甜食的人,可以用"清晨甜品"来鼓励自己。

重点是不要在早上以外的其他时间做这个喜欢做的事情。

创造"只有早上才能做这件事"的状态是很重要的。

我只在早上写博客。

其他时间也会冒出"真想马上就写写这个话题"的冲动,但为了保住早起的动力,就只做一下笔记,然后忍耐住这个想法。

于是在睡觉前甚至会盼望"明天快点来吧"。

然后到了第二天，就会欣然起床写博客。

我认识的一位女性，因为睡前吃甜食会发胖，所以就一大早起来吃。

因为除了早上以外一直忍耐着，所以很期待早上的到来。

这样一来吃甜食就成了早起的动力，早上就能痛快地起床了。

像这样，**把自己最喜欢做的事情安排到早上的话，就会特别容易醒过来。**

你喜欢的事情，甚至不惜早起也想做的事情是什么？

在这里列出几个吧。

从中选出一个，然后限定只在早上做。

把"不得不起床"，改变成"自己想起床"的话，无论多么爱睡懒觉的人都能轻松地习惯早起了。

请你也尝试一下怀着"明天快点来"的期盼入睡，之后第二天兴奋地醒来的爽快感吧。

早起的从容可以使本能得以充分发挥

说到早起活动，大家马上会联想到"早早起来，干净麻利地做想做的事和工作"的情景吧。

当然是这样。但是也有人可能感觉"不知道该做什么"。

即使是这样的人早起也是有意义的，同样可以感受到早起的好处。

就像第一章介绍的"仅仅'早起三十分'，就改变了人生的公司职员"一样，只是因为早起后有了足够的时间和从容的心情，工作的状态就会明显提高。

或者与其说是工作状态的提高，**不如说是更充分地发挥出身体的潜能。**

时间仓促的时候，往往很难充分发挥自己本来拥有的能力。

我本人就吃够了这个苦头。

那还是我的"夜猫子时代"的事。

那时的我每天处于"眼看就要不赶趟"的状态。

上班时间总是拖到再过一分钟，甚至一秒就要迟到那一刻；工作也一定要磨蹭到就要超过截止日期才能完成。

因为没有从容的时间，每每处于手忙脚乱的状态。

下班要拖到很晚，很难冷静地做出判断，于是总是出错。

经常不可理喻地做出不明智的选择，然后后悔，"为什么会那么做呢？！"

当时的我，总是叹息自己，"多么愚蠢！"

后来，我开始利用早起的时间，提前三十分钟去上班。

这样一来，不仅可以早点到公司，还可以着手做一些想做的工作。

其实做了哪些不重要，重要的是减轻了焦躁的心情，工作进展变得顺利了。

与慌里慌张赶时间上班的时代有着天壤之别。

现在回想起来，提早到公司的那一刻便成了胜负的分水岭。

首先，从容不迫地开始工作，才会有一种"今天要加油干！"的积极性，而且哪怕只是做好了一个简单的开端，也能感受到"已经完成一部分工作啦"的喜悦感。

而怀着这种从容的感觉，就能更加心平气和地对待周围的人。

反过来从周围的人那里得到积极的反馈，又会使自己的工作变得越来越顺利。

于是我体会到只有时间充裕，才能更充分发挥自己本来的潜力。

时间的充裕，会使你的人生更丰富。

经常听到这样的说法："小时候感觉一年很长，长大后一眨眼就过去了。"

其中一个原因就是，成年人认为有许多必须要做的事情，却总是觉得时间太短，没有办法按计划完成。因此，感觉时间一眨眼就过去了吧。

即使是同样的二十四小时，在时间紧迫的状态下既不能充分发挥自己的才能，更无法轻松地享受这一天。

真不希望大家过着"整天都很焦虑，却没有成就感"的生活。

那么，首先请试着在早起活动中获得更多自由的时间吧。

然后再从容不迫地考虑想做的事情。

在下一章中，我们聊一聊要想成功早起，需要了解的身体和大脑的构造。

通过了解这个机制，将能很好地理解"为什么以前的早起活动总是遭到挫败"以及"哪个时间段适合做什么工作"的问题，进而使我们能更轻松地养成早起活动的习惯。

第二章小结

- 首先以"早起三十分钟"为目标。

- 以能在早上两小时内完成八成工作的人为榜样。
- 安排一个最喜欢和最想做的事情作为早起的期待。
- 工作的成败在早上能否从容开始时就分出了。

第三章

有效利用早晨的诀窍是了解身体机制

◎ 利用大脑的三个循环,发挥自己的最高水平

人的身体运行，在一天中有三个循环

早起活动的目的不是简单地为早起而早起。

如果不能进入清醒的活动状态，起得再早也没用。

起床后，在半昏睡状态下低效率活动是毫无意义的。

为此，就需要了解以下的"秘密"。

那就是"**人的身体运行，在一天中有三个循环**"。

那些对健身和减肥很内行的人，早就知道了这个秘密吧。

当我知道这个周期的时候，不由得从心底感慨："原来如此！难怪以前脑子怎么也转不起来呢！"

虽然不必达到医生那样的专业程度，但是了解一些身体的机制是没有坏处的。

接着读下去,你就能明白,"噢! 早上起不来原来是因为这个啊",同时也可以理解毫不费力就能开动大脑和身体的秘诀所在。

这三个循环就是,**人体在一天中每隔八小时进行一次排出、摄入和吸收的循环。**

当然,不管哪个时间段,排出、摄入和吸收都会在一定程度上进行,但是它们各自都有最适合和最有效的时间段。

一、排出的循环

早上四点到中午十二点左右的时间段,排出机能最旺盛。

二、摄入的循环

中午十二点到晚上八点之间,摄入食物并加以消化的机能最旺盛。

身体与大脑的三个循环（二十四小时）

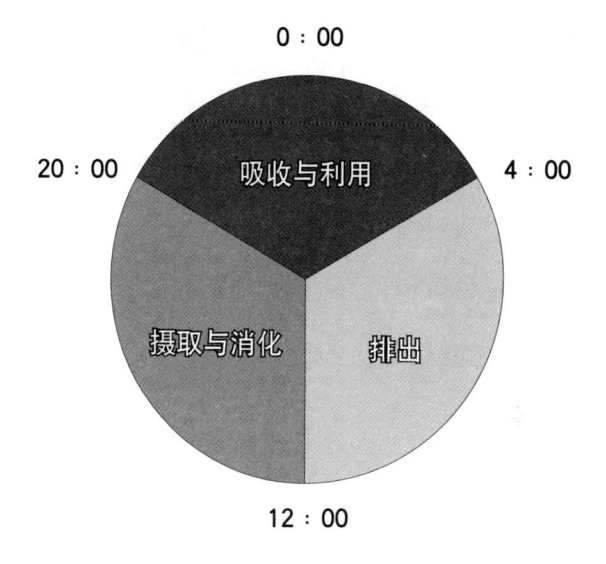

```
        0：00
20：00  吸收与利用  4：00
   摄取与消化  排出
        12：00
```

三、吸收的循环

从晚上八点到次日早上四点之间，吸收食物的营养并加以利用的机能最旺盛。

根据这三个循环，选择在什么时候吃什么以及怎么吃，会导致身体的表现有很大的不同。

而且，这三个循环不仅是作用于食物的消化吸收和排泄，对于大脑而言也是同样的道理。

你完全可以把它用到工作上，这其实很简单。

比如，早上四点到中午十二点是排出的时间段，从知识的角度来说，用于把获取的知识释放出来，也就是作为输出信息的时间就比较合适。

同样道理，中午十二点到晚上八点是摄入的时间段，这个时间用于输入信息就会比较好。

后面还会详细说到，能否利用好这三个循环规律，对大脑的意义完全不同。

对于在规定时间内取得预期成果，具有重要作用。

因此请大家记好这个规律。

我自己在配合这个周期安排工作之后，切身感受到处理工作的速度有了飞跃性的提升。

相信大家的周围也有这种人吧？即使工作堆积如山，他们也会麻利有序地处理完毕，每天都会带着一副很酷的表情，若无其事地留下一句，"好吧，那我先告辞了"而按时下班走人。

他们个人业绩很突出，制作资料和处理事务工作也很少失误。

这种人肯定是有意无意地善加利用了人类所具备的身体循环。

要想成为早起活动的达人，同样需要掌握这方面的知识。

为了在工作中展现成倍的优秀表现，我希望你了解和使用这些循环。

那么，接下来将逐一详细介绍活用这三个循环的具体方法。

第一个循环："输出的时间"——早上四点到中午十二点

首先，介绍三个循环中的第一个。

那就是从早上四点到中午十二点的时间段。

这个时间段被称为"输出的时间"。

主要是排泄活跃进行,将老化物和废弃物排出体外的时间段。

这是三个循环中最重要的时间段,可以说能否利用好这个时间段是在规定时间内能否充分发挥自己能力的分水岭。

早上四点到中午十二点被认为是适合于从头脑里提取东西的时间。

也就是说,从工作上来说是适合于创造性的工作的,例如,

・写企划书;

・构思文章;

・制作提案书、报价单;

……

输出的时间段,尤其适合与写作、创作相关的工作。

特别是早上四点开始的两小时左右,威力格外强大。

我用这个时间写文章，不仅心情好，下笔也流畅。

之前，我说过感觉早上的效率是其他时间段的四到五倍，但实际上，可能还要更高。

说心里话，这个效率高到我简直不舍得把这个秘密传授给别人。

在这里给大家介绍一下我在这个时间段里所做的工作：

· 三百六十五天每天更新博客；

· 写书期间，用这个时间写书稿（到现在为止已出版六十册）；

· 每月五到七篇连载用的原稿；

· 写两本电子杂志的微评（其中一本每周一次，另一本隔周一次），已经持续了十年以上；

· 制作研讨会、进修班用的资料（每年五十次以上）；

· 制作在大学课程（每周一）上发放用的资料及给试卷评分；

· 给函授讲座会员回复咨询邮件；

……

虽然每天的工作量不太一样，但是自己也对能完成这么多工作感到吃惊。

再重申一遍，我是一个普通得不能再普通的人。

智商平平，运动能力也很普通。

这样普普通通的我之所以能如此超水平发挥，正是因为充分利用了这个排出＝输出的时间段。

可以说早上四点开始的两个小时真的是一个威力无穷的时间段。

可能对于六点起床都觉得太早的人来说，会觉得"四点起床简直不可想象"。

当然，你可以不用勉强自己。

只是，请记住有一个这样神奇的时间段存在。

虽然不必马上，但是我希望将来每个人都能利用好这个时间段。

"晚上工作更踏实"只是一个错觉

在关于时间术的研修中,我教给大家"请在早上四点到中午十二点之间进行创造性工作"。

每当这时都会有人说:"白天总是很忙,晚上才能安静下来慢慢思考。"

事实上,很多人觉得需要充分构思来完成的写作和设计等创造性的工作还是放在深夜。

慢慢花时间去做会更好。

但是,我还是认为,创造性的工作应该放在输出的时间段来做。

理由有两个。

一是因为,清晨,通过睡眠取得充分休息之后,头脑会变得非常清醒。

可是,到了白天、傍晚、晚上会怎么样呢?

经过一整天与客户、商户、合作公司的各种沟通，以及各种邮件的往复等，大脑会很疲倦。

时间越晚，头脑越疲劳，也越不灵活。

不管是多么清闲的日子，各种信息也会不知不觉地灌输到脑子里。

一天下来，我们会考虑很多事情，会和人聊天，会收集各种信息……头脑会越来越疲惫不堪。在这种倦怠的状态下去做输出的工作，效率当然会降低，失误也会增多。

还有一个理由就是，晚上恰恰会给人以时间充裕的错觉。

你有没有过这样的经历？磨蹭半天一看，已经过了三个小时了，可工作却没有一点进展？

明明花了很多时间，却出不来好的成果？

而早上是一天开始的时候。

如果是上班前的话，自然而然就会给自己设定一个"再过十五分钟一定要出手"的时限。

即使后面没有什么安排，也不太会拖沓地在一个工作上浪费过多的时间。

能感受到时间的限制，就意味着注意力也会相应提高。

"晚上能更踏实地工作"，这只是长年形成的惯性思维，实际上早上输出的时间段效率比之要高出好几倍。

会干活的人会在上午完成百分之八十的工作

很多人没有意识到输出这个时间段的重要性。

他们在工作效率高的输出时间段里会做一些基本上不用动脑就能完成的工作。

这样的工作，即使是在其他时间段进行，工作效率也不会有太大差别。

但是，输出类的工作不在这个时间段而是换到其他时间段去做的话，工作效率会明显降低。

只要不是因为与客人有预约以及开会等不可避免的情况，需要动脑筋的工作尽可能都应该放在这个时间段来做。

其实，当我还是一个悲催营业员的时候，也曾完全不懂得这个生理周期。

公司虽然九点已经开始上班，但我却怎么也打不起精神来。

早上的例会结束后，我仍然会放任自己慢悠悠地喝着咖啡，漫无目的地浏览着报纸和网络信息，总要磨蹭到快十一点的时候，才能缓过点神来。

虽然明知道有给客户的提案书、向公司提交的文件等很多的事情要做，却总是自我安慰："这会儿还早呢，上午是预热时间"等，给自己浪费时间找各种各样的理由。

同时还会暗示自己："到晚上干劲就来了！"而对晚上产生过度的期待。

实际却总是事与愿违。

到了晚上会有别的工作要做，而且一天的疲劳也显现出来，干劲比白天还差。

让我们在输出的时间段，带着"一分钟也不能浪费"的心情来努力工作吧。

我们的目标是在这个时间段内完成百分之八十的工作。

特别是要完成创造性的（写文章，制作提案书、企划书）等需要动脑子的工作。

那些会做工作的人就是在这个时间内把大部分工作做完，然后慢慢地吃着午饭与朋友交换各种信息，之后，再转换心情进入下午的"输入时间"的。

第二个循环："输入的时间"——中午十二点到晚上八点

第二个循环是从中午十二点到晚上八点。

这个时间段叫作"输入时间"。

从身体的循环来说，是摄入的时间，是将各种营养摄入体内的时间段。

如果换成大脑来讲，可以理解为把时间分为**需要动脑筋想问题的"输出时间"和往脑子里灌输东西的"输入时**

间"吧。

这个适于身体摄入营养物质的时间段，同样适合不断地向大脑输入各种信息。

在工作上来说，就是适合以下工作的时间段：

・与客户的洽谈；
・收集网上的信息；
・与同事或相关人士交流沟通；
……

到了下午，通常会感觉到有点疲劳，这个时候不要趴在桌子上发呆，而是要行动起来获取信息。

如果对方也方便，这个时间用于洽谈业务是最好的。

午餐时间充分放松后，肚子也变得饱饱的，与"输出"那个时间段相比，工作效率会下降许多。

我想大家也有过这样的经历，即使是喝得宿醉导致睡眠不足，顶多上午挺一挺也会过去。

但是，一吃完午饭，就会被可怕的睡意袭击。

所以，即使没有喝多、吃多，最理想的还是要在上午完成用脑子的工作。

能在体力和脑力都很活跃的输出时间段里，完成需要动脑筋的关键性任务，接下来，不仅在时间上，而且在精神上也会感到放松。

在这种放松的状态下进行下午的商务洽谈，你会不会有一种可以顺利拿下的预感呢？

有能力的人会很好地利用这个生理循环来安排工作，所以就会取得好的结果。

带着从容的心情进入输入时间是非常重要的。

只要完成了最重要的工作，输入的时间基本上都可以作为"自由时间"来轻松地度过，一直到下班。

这样的话，工作会比现在更开心，也会有好几倍的成果。

把费时费力的工作放在输入的时间里完成

一开始的时候，也许会觉得要在输出的时间内完成那么多重要的工作是很困难的。

其实，这只是一种错觉。

事实上，习惯以后很快就能做到。

首先请审视一下自己工作的内容，把它们分为"用脑的工作"和"非用脑的工作"。

你一整天的工作不一定都是用脑子的或者重要的工作。

也有很多只是需要花费时间和体力，或者比较不需要动脑筋的简单作业吧。

比如下面的这些工作：

・去银行等处理简单事务；

・从书籍和杂志上调取信息；

・提前查看场地；

・处理发送文件的手续和发送邮件；

- 填写例行的事务处理文件；
- 反复操作的固定作业；

……

这样的工作，包含移动的时间等，往往是相当花时间的工作。

有时可能动辄需要两三个小时。

这样比较不用动脑筋的、简单重复的工作，放在这个时间段上完成应该是最合适的。

让我们来复习一下吧。

把需要动脑筋的工作放在输出的时间里，把只需花费时间和功夫的简单工作放在输入的时间里，这样分一下就可以节省出相当多的时间。

试做一下，你就可以亲身体会到这一点，甚至还会感受到节省时间以外的好处呢。

比如在精神卫生方面，也是这样做比较好。

当许多重要工作还没完成时，却做一些只需花费时间和功夫的简单工作，精神方面也会感到紧张和压力。

该做的事情越推越晚，压力也会不断累积起来。

最后，都不知道究竟应该优先做哪个工作了。

在输入的时间里心情放松地做好工作，这是产生自由时间的最大秘诀。

第三个循环："吸收的时间"——晚上八点到次日早上四点

第三个循环是从晚上八点到次日早上四点。

这个时间段叫作"吸收时间"。

"吸收"是指"把摄入体内的东西加以消化、纳入"的意思。

用身体的循环来说就是消化吸收的时间段，是把吃进来的营养吸收到身体里的时间。

在工作方面，就是把一整天收集到的信息消化吸收到头脑里的时间段。

在本来应该吸收的时间段里却想要排出什么来，从生物学的角度考虑，效率也会很差吧。

如果知道了身体的这个构造，你就会明白晚上八点以后制作资料是多么不明智，多么浪费时间了吧?

也许你还不能马上改变现在的习惯，但请慢慢地放弃在这段时间的创造性工作吧。

前面，我已经对输出时间和输入时间做了详细说明。

其实，我们提倡早起、提前开始工作的目的，就是让这个消化吸收的时间里可以不用工作，而是完全变成放松的时间。

在这个时间段最好是带着悠闲的心情整理信息，或者回想一下当天的经历吧。

把这个时间安排在工作上的人，应该慢慢地提前开始工作，直到晚上八点前能够结束所有的工作。

最后请在大脑和身体最能得到恢复的黄金睡眠时段（晚上十点到深夜两点）来睡觉。

早上起得早，工作自然会提前开始，慢慢地，入睡的时间也就会提前了。

睡眠的重要性自不待言。

在你睡觉的时候，大脑会整理当天学习到的信息，并把它们从短期记忆转移到长期记忆中。

也就是把当天学到的东西整理成大脑能随时取用的东西。

我们每天摄取数不胜数的信息，大脑会在睡眠中选择应该记住哪些信息。

所以，尽量减少在吸收这个时间段的用脑工作吧。

请尽量放松，为好的睡眠做准备。

这样的话第二天就会自然醒来，心情也会变得好起来。

第三章小结

· 如果能配合身体和大脑的三个循环来工作，就可以加快工作的处理速度。

· 用早上四点到中午十二点的输出时间段，来集中做创造性的工作。

· 在下午的输入时间里进行花费时间和体力的简单工作。

· 在晚上八点以后的吸收时段之前结束工作。

第四章

巧用各种便利工具，更高效地使用早上的黄金时间

◎ "手机应用软件"和"鼓舞干劲装置"成为强有力的武器

要想高效利用早上，首先学会使用各种便利工具吧

要想更高效利用早上的时光，不一定只靠自己的力量。

成为早起专家并不是我们的目的，我们真正的目的是能够高效率地完成工作，在较短的时间内达成目标，从而创造出更多可以自由使用的时间。

现在有很多方便的手机应用软件和工具，我们没有不用的理由，不妨好好加以利用。

曾经，有个熟人对我说："智能手表实在太棒了！"

于是我决定买一只送给父亲，便在网上搜索了一下。

我看到网上有不同价格的五花八门的产品，从中选了

一款中等价位的智能手表。

为了给老人讲解使用方法，我自己先试用了一个星期。

这块表从心率计到计步器，以及通知SNS来电等功能，应有尽有。

其中，最令人惊讶的要数睡眠记录功能了吧。

睡眠记录就是把每晚的睡眠质量加以记录，显示出深睡眠时间是几小时几分钟，浅睡眠时间是几小时几分钟。

而且，设定闹钟功能后，还可以从自己预定起床的前三十分钟内测定出比较容易起来的时间，据此来唤醒自己的功能。

这对于早起困难的人来说，简直是一个神奇的"福音"吧。

像这样的"福音"功能还有很多，你也可以自己找找看。

目前，可以说各个方面都有便利的智能手机软件来支撑。

而且大多是免费的，所以现在真的是一个方便的时代。

当你在手机应用商店和谷歌应用商店里输入"睡

眠""早起活动""闹钟""醒来"等关键词后，就会跳出许多以下这样的软件：

·觉醒改善应用软件；

·睡眠改善应用软件；

·唤醒非快速眼动睡眠的闹钟应用软件；

……

这时你就可以选择自己需要的软件下载下来。

我比较推荐之前讲到的智能手表中"瞄准浅睡眠进行唤醒"的闹钟应用功能。

我使用了名为"Sleep Cycle AB"（睡眠循环AB）的手机软件，可以看到每晚的睡眠记录，感觉就像玩电子游戏一样，非常方便。

它的使用方法也很简单，只要设定好第二天的起床时间，把画面朝上放在枕头旁边就可以了。

这样第二天早上就能心情舒畅地醒来了。

当然还有其他一些收费的服务，但光是免费的部分就很够用了。

人的睡眠分为快速眼动睡眠（浅睡眠）和非快速眼动睡眠（深睡眠），大致每隔九十分钟重复一个循环。

所以人类的身体是以约九十分钟为周期觉醒一次的。

也就是说，以四点五小时、六小时、七点五小时这样的九十分钟的倍数为单位设置闹铃的话，就可以很轻松地醒来了。

可是难就难在能恰好在这个时间睡熟，又恰好在那个时间清醒过来。

例如，根据这个周期设定睡眠时间的话，有的日子也许会觉得，六个小时有点不够，七点五个小时又有点太长。

在这一点上，如果启用某些便利的应用软件的话，只需将闹钟功能设定到想起床的时间，它就会在从那个时间往前数三十分钟的时间里，测出你睡眠最浅的时间而让闹钟响起来。

这样就很理想了吧。

我们完全可以借助这些方便的工具和应用软件来助力早起活动。

早起时令自己"瞬间起动"的好办法

早上起床的时候，人通常会处于既不正面也不负面的情绪中。

即使做了噩梦，以最坏的心情醒来，也会在意识到"啊，原来是梦啊"的那一刻恢复到平常的状态。

觉醒瞬间的想法是非常重要的。

那一瞬间的想法，甚至会决定一整天过得怎么样。

有一次我和我培训对象企业的社长见面，遇到了这样一件事。

那个社长所在的产业是一个夕阳行业，他们经营的产品应该属于怎么看都"卖不出去"的类型。

感觉无论运用什么样的经营技巧，都很难卖得出去。

在这种情况下，公司还能得以为继，老板一定有什么过人之处吧？

这位社长也是一位爱早起活动的先生，关于其秘诀，他说：**"就是在床边贴上一句令人瞬间充满动力的话。"**

当被问到是什么样的话时，他有点不好意思地说："我写的是：要赚足连孙子那一代都能安心生活的钱！"

早上一睁眼看到这句话，瞬间就会动力满满。

其实，我以前也做过类似的事情。

在明星职员时代，我也曾贴过"要让今天一级棒！"这句话。

当时的口头禅是"一级棒"，见到后辈时第一句话也会问："今天你一级棒吗？"

每次说这个词时心情也特别好。

如果你实在想不出该写点什么的话，就试着写上"要让今天一级棒"贴上去怎么样？

对那些"想抓紧早上的时间，在工作上取得更好成果"的人，就把工作的具体目标写下来贴上去不是也很好吗？

对于目标达成型的人，可能会不喜欢"让今天成为最棒的一天"这样含糊其词的标语。

那么，具体地写上："本月一定签成五份合同，完成定额"，或者"力争在十五号之前通过三项计划书"等内容也可以啊。

看到这些话的次数越多，心情就会越迫切，达成目标的概率也就越上升。

总之写下"让自己瞬间活力满满"的话，贴在床边吧。

从次日早上开始一定能感受到它的效果。

"架起幸福的天线"——早上睁眼第一句话的效果

那是我打垒球时候的事。

在防守时，经常出现明明看到球向自己飞过来，却由于身体太硬，手怎么也够不到球的情况，这使我感到非常懊恼。

于是，有一天，我忽然冒出"做瑜伽也许会让身体变软"的想法，从而对瑜伽产生了兴趣。

刚刚这样一想，我周围便出现了很多做瑜伽的人，在传单和杂志上也看到许多有关瑜伽的特辑。

真的是当我感兴趣的时候，瑜伽热潮就悄然到来了吗？

当然不是这回事。

只不过是因为我架起了"瑜伽天线"。

你知道"网状激活系统"这个大脑的部位吗？

熟悉脑科学的人也许知道吧。

这个部位的主要功能是"获取对自己来说必要的信息"。

网状激活系统在收到指令之后，便会在你无意识之中不断地收集与指令相关的信息。

拿刚才的瑜伽的例子来说，就是它把迄今为止没有注意到的关于瑜伽的各种各样的情报下意识地有选择地捕捉给你了。

每个人都具备这个功能。

既然如此，就不应该在早起活动中埋没了它。

但是，要使用好它必须注意要有好的方法。

当你早上起来时无意中想："啊，今天大概没什么特别的事吧。"

大脑便会很单纯地收集到这个信息。

于是当你反应过来时就会发现它会专门收集各种消极信息，使今天果然成为乏善可陈的一天。

相反的，如果你早上起来时想，"今天说不定会有什么好事吧"的时候，它就会帮你收集一些发生好事的信息。

也就是说，如果树立起幸福的天线，就会有好事发生。

哪种情况更好，不是不言而喻的吗？

为此，请想好一句"早上睁开眼睛后的第一句话（鼓舞自己的口号）"吧。

比如，"今天肯定是一级棒的一天"，或者"今天一定会有好事哦"，等等。

就像刚才讲过的那样,可以写在纸上贴在床头。

只要简单地下点这样的功夫,就可以愉快地清醒过来。

大脑的功能就这么神奇。

利用好它,对早起活动很有用。

防止睡回笼觉最切实的方法

这本书已经进入后半部分。

迄今为止,我给大家介绍的是使用婴儿步伐,难度比较低的一些做法。

在这里,我再给大家介绍一下稍微提高难度的做法。

我在博客和研修班等讲授了早起活动的重要性,以及实施方法。

我本人也从早起的时间里得到说不尽的好处,这个时间已成为我最宝贵的时间了。

但当我给别人讲授这个的重要性时,就会有人说"可是我怎么也起不来,动不动就又睡过去了"。

另外，也经常听到"虽然早上能醒过来，却怎么也起不来""无法从床上爬起来"等烦恼。

关于早上起床，是有各种不同的方法的。

我为了养成早起的习惯也尝试了各种各样的方法。

比如，闹钟响了，"先转动手腕和脚踝，再慢慢地活动身体"的做法。

这样做的好处是可以慢慢醒来，但有时也会一边转动手腕一边再次睡过去。

此外，我还试过设置音乐闹钟，用较大音量的音乐催醒的办法。

这个方法一开始也不错，但渐渐习惯了音乐，也会一边听着一边又睡过去。

经过反复试验，我觉得最好的方法还是"**醒来后一口气爬起来**"。

也就是说，当闹钟响了，意识恢复了以后，抢在感觉到"起床太难了"之前掀开被子，第一时间从床上爬起来。

这是成功概率最高的。

听说有的研修班学员还用"把闹钟从床头拿开、不下床走过去按住就不停"的办法。

而且，在去按止闹钟的途中的墙壁上，再写上令自己"瞬间充满干劲"的语言。

据说这样就不会再想睡回笼觉了，心情也变得爽快起来。

"醒来后一口气爬起来"加"瞬间充满干劲的语言"的混合动力，这就是最强组合。

起床后先喝下"两杯醒神水"

我醒来之后，马上要喝水。一喝水就会变清醒。

因为我喜欢冷水，所以一年四季都在喝冷的矿泉水，但是肠胃不好的人可以喝常温的或者加热后喝。

人在睡觉的时候身体也在工作，所出的汗超乎想象。

即使在冬季也会微微出汗，呼吸也会释放水分。

据说睡觉时失去的水分平均为五百毫升，夏天等出汗多的时候会变成一千毫升，起床后身体就会变得干巴巴的。

这样一来，睡觉的时候就会有轻微的脱水症状。

如果脱水的话，血液就会变得黏稠，流动性变差，对脑的氧气供给也会变差，也就是说脑子转不过来了。

想必大家都看过正月长跑接力赛运动员快跑到终点的时候摇摇晃晃的，几乎跑不动的样子吧。

其原因并不是练习不够体力透支了，而是脱水症状导致的大脑供氧不足。

所以，早上起床后，一定要先补充睡眠中失去的水分。我推荐的不是一杯而是"两杯醒神水"。

因为睡觉的时候会损失五百毫升水分，所以醒来后补充两杯两百五十毫升为好。

这样水分会流遍全身，身体也会随之清醒起来。

所以起床后仍然迷迷糊糊，脑子转不过来的人，一定要试试唤醒自己的两杯水。

工作越忙，早上越要这么做

假设今天工作将会很忙，体力上会很累。

那么这一天该怎么办呢？

你可能会觉得"需要尽量保存体力全力以赴投入工作"吧。

因此，担心一大早开始运动，会造成疲劳影响工作吧？

但是，实际上是相反的。

轻微的运动会使整个身体的血液得到充分循环，大脑更加活跃，工作也会因此更顺利。

明白这个道理的人越来越多了。

最近，在你身边坚持健身、慢跑等体育锻炼的人是不是越来越多了？

我周围就有很多这样的人。

他们不仅外表看起来年轻，而且工作也很能干。

我问了他们，他们都说："开始运动之后身体和工作都变得更加轻松了。"

说到底身体才是资本，是自信的源泉。

以我为例讲讲我的真实感受吧。

我曾经参加过高崎市的清早垒球联盟。

从每年的三月到十一月底是垒球季。每当垒球季来临，身体渐入佳境之后，工作起来也会有"好嘞！加油干吧！"的干劲。

我们是每周六的早上打两小时左右的垒球。那一天，不仅身体得到活动，心情也变得很爽快。

同时，头脑也会变得更加灵活，工作也会进展得更加顺利。

偶尔，由于天气或者工作不能参加训练的话，体脂肪也会增加，身体也会变得慵懒。

这样一来心情也会受影响，头脑也会变差。

这让我深切地感受到身体和心灵是相连的。

不是每个人都要像我这样早上运动两个小时。

以前，我问过健身教练，做什么运动能够帮助提高工作效率？

他告诉我"只要能让心跳加速的运动都可以"。

你可以在外面跑步，也可以在家里做俯卧撑或腹肌运动。

如果想在短时间内达到效果，只要原地做一分钟的冲刺跑，心跳就会加快。

心脏是输送血液的泵。

如果它的运动加剧，就会把营养和氧气快速送到身体的各个角落，包括大脑。

而头脑是靠营养和氧气运转的，当然工作效率也会变好。

所以说，短时间的活动身体、健身锻炼不是浪费时间。

在工作繁忙的早晨，试着做五到十分钟的轻微运动吧。

那样一来工作效率会提高好几倍。

让早晨变得更高效的"TODO 列表"活用法

你在使用"TODO（要做的事）列表"吗？

TODO 列表是指在笔记本上记录各种约定和各项日常业务等的表格。

使用各种应用程序来记录的人也很多吧。

使用 TODO 列表的话，就可以避免浪费时间，使早晨变得更加高效。

我通常在前一天的晚上写下第二天的 TODO 清单。

这里介绍一下我用笔记本记录 TODO 事项的简易方法。

制作很简单，也几乎不用花什么钱。

如果觉得对自己有帮助的话，请一定试试看吧。

先来说明一下制作方法。

首先准备一个 B5 尺寸的普通笔记本。

让早晨变得更高效的 TODO 列表

第一区域：紧急且重要	第二区域：非紧急但重要
（围成红色） · 更新博客 · "顾客要求降低预算" · 大学授课准备：研究法2 · 研修授课准备：PPT（幻灯片）制作 预先打印 · 电子杂志投稿 · 稿件确认	· 电脑的设置 · 读书 · 与外部员工沟通 · 整理资料 · 提出今后的想法
第三区域：紧急但不重要	第四区域：不紧急也不重要 ※ 建议写类似"今天的奖励"等事情
· 给吉田回短信 · 在手机上变更日程 · 向老板汇报工作进展 · 写三封感谢信 · 发送账单	· 浏览亚马逊网页 · 研修班的有趣话题 · 喜爱的球队胜利 · 午餐吃牛排饭 · 两天后有朋友聚会

用平板电脑也可以。

将一半纵向折回,如上页所示将左上半部分围在红色框内。

然后分为以下四个区域:

第一区域:紧急且重要;

第二区域:非紧急但重要;

第三区域:紧急但不重要;

第四区域:不紧急也不重要。

在红色包围的第一个区域中,写入"紧急且重要的事情"。

这就是记录"必须马上做"的事情的空间。

请列出今天要做的这类事情。

我不太认真划分第二到四区域,而是大致分区使用,当然也可以用线清楚地划分开使用。

第二区域写"非紧急但重要的事情"。

可以写下面向未来的学习、在公司要做的交流等。

顺便说一下，会工作的人，这个领域记录得比较多。

第三区域写"紧急但不重要的事情"。

可以记一下要回复的电话和要写的邮件等，作为一个小小的便签来使用。

最后是第四区域，这里写的是"不紧急也不重要的事情"。

推荐在这里写上"今天的奖励"之类的内容。

我每天都在这个空间里写一些奖励自己和提升心情的内容。

每次看到这个笔记都会动力满满。

其实，顶级营业员们都在做着类似的事情。

在记入顺序方面，当你做一天的计划时，首先要在第一领域里写下"绝对要做的必需事项"。

接下来，在第四领域写下对能够成功早起的奖励吧。比如：

·早起后吃巧克力泡芙；

·浏览亚马逊网页；

·玩手机游戏。

什么都行。

这样的话，对早起活动的期待也会上升。

只在TODO列表里写下一天必须做的事就太无趣了，也不会产生欢欣雀跃的心情。

一定要写一些令自己跃跃欲试、充满期待的事项。

第四章小结

·活用智能手机的睡眠改善应用软件等，设法让自己神清气爽地觉醒。

·在床边贴上"瞬间充满动力"的语句。

·想好早上起床后第一句鼓舞自己的口号。

·早上起床后首先要补充水分。越忙碌的日子越要做五到十分钟的轻微运动。

·为了使早晨更加高效，在前一晚写好"TO DO列表"。

第五章

能持续早起的人更会用好"前一天晚上"!

◎ 让早起更轻松的小窍门:下点功夫在餐食、饮酒、读书、睡眠……

再忙,也不要熬夜和打通宵!

你是喜欢有条不紊地工作呢,还是不被逼到最后关头不动手呢?

也许有的人真的是工作太多,不得不熬夜。

然而更多的人属于**在被逼到绝境之前不动手,直到时间紧迫才开始工作**的类型吧?

如果你还在用小学时代的"暑假作业"式的方式工作的话,我想还是趁早改变一下节奏为好。

如果能利用好早上的时间,就可以避免熬夜工作。

除非紧急情况,真的不要再熬夜了。

工作到深夜或者整夜不休息的话，生活节奏一下子就被破坏了。

我自己就有很多失败的教训。

在悲催营业员时代，磨蹭到深夜两三点是家常便饭。

有时接到客户"明天之前给报价"的要求，就更会彻夜不眠。

好不容易熬夜应付完了这项工作，转天也会一整天都被睡魔侵袭，头脑完全不清醒。

几乎是睁着眼睛睡觉的状态。

就算前一晚做了百分之一百五十的工作，而第二天百分之十都做不到又有什么意义呢。

并且带着熬夜的损伤，后面的两三天也会持续不在状态。

仔细想想，报价单本来并非一定要连夜制作。

往往是因为总爱把要做的事情推迟到最后的期限，才变成这个样子的。

因为自己深受其害，所以我可以断言，把工作推迟到最后一刻，一直干到深夜，甚至彻夜不睡，百害而无一利。

因此，不要去熬夜，还是早点起来干吧。

正如已经说过的那样，早上的时间效率会高好几倍。

另外，还要注意尽量不要以一天为单位，而是以三天、一周的中长期视点来考虑和规划工作，争取在一段时间内保持均匀的工作量。

利用好早晨的时间，每天平衡稳定地开展工作才是发挥最高工作效率的办法，工作成果也会最大化。

而且，不仅能提高工作效率，身体也能保持良好的状态。

反过来身体的良好状态又会提高工作的效率。

熬一宿夜，就会使你努力积累起来的早起活动的好节奏功亏一篑。

要想高效利用早晨提高工作效率，就一定要避免只管今天不顾明天的拼命三郎式的时间使用法。

提高"睡眠质量"比延长睡眠时间更重要

早起能否成功取决于"前一天的晚上"。

熬通宵就不用说了,熬到深夜两三点还不睡,第二天早上又会怎么样呢?

首先是不管多么有毅力的人,第二天也不可能顺利早起。而且即使起了床,脑子也昏昏沉沉,根本不能有效利用早起的时间吧。

所以说早起活动是从前一天晚上开始的。

即便如此,并不需要像小孩子那么早睡觉。

无论是谁晚上九点入睡的话,早上四点半也能轻松起床了吧。

大多数成年人只要睡足七点五个小时就足够了。

如果能做到"前一天晚上早睡,第二天早上早起,精力充沛地利用好早上的时间",那当然是最理想的了。

只是，现实中晚上九点睡觉是很难的。

总会有各种要做的事情或者要陪伴的家人，等等。

那么，**与其考虑延长睡眠时间，不如想办法提高睡眠质量更现实吧。**

你是不是也有过明明已经睡了很长时间，却感觉"今天怎么也睁不开眼睛不想起床"的经验呢？

相反，你是不是也有只睡了很短时间却觉得"今天起得特别痛快"的日子？

你知道其中的原因吗？

如果觉得能否睡得好，全靠自己当天的状态来决定就想得太简单了。

即使人人都知道"睡眠很重要"，却很少有人为此而做出相应的努力。

其实，提高睡眠的方法有很多。

稍微下点功夫，睡眠就会越来越好。

接下来，我会结合自己的学习和实践介绍一下关于高效睡眠的方法和加深睡眠的小诀窍。

请参考这些，尝试适合自己的方法吧。

大幅提高睡眠质量的照明法

人类在难以想象的漫长岁月里，过着"日出而作，日落而息"的规律的生活。

在人类七百万年的历史中，开始夜里活动只是最近的事。

托马斯·爱迪生发明灯泡是在一八七九年，所以晚上的活动开始活跃起来的历史只有短短的一百四十年。

我们身体的进化显然还没有跟上这个节奏。

在现代，除了极少数相当偏僻的乡下，大多数地区晚上都会灯火通明。人们稍不留神就会变成晚睡的夜猫子，陷入昼夜颠倒的泥潭里。

因此，有必要认真创造一个可以熟睡的环境。

关于睡眠，首先需要了解一下一种叫作"褪黑素"的激素。

这个激素的作用与睡眠有很大的关系。

到了晚上，褪黑素的分泌逐渐增加，到了半夜就会达到最大。

这是一种实现良好睡眠不可或缺的，并与第二天醒来密切相关的荷尔蒙。

褪黑素具有越是在黑暗的环境中分泌越多的特征。

相反，晚上暴露在明亮的光线下，或者在光照强的地方睡觉，则会减少褪黑素的分泌，阻碍良好的睡眠。

据说最好是从入睡前两三个小时开始将室内照明调暗，促进褪黑素分泌，这样才能获得理想的睡眠。

把客厅的荧光灯换成暖色系，或者稍微降低亮度也会有很好的效果。

但是，和家人住在一起的话，往往很难随心所欲地把客厅的灯光调暗。

有在客厅看电视的家人,也有愿意在客厅写作业的孩子。

在这种情况下,就不方便把光线调暗,也不好使用暖色系的照明。

那么我推荐以下的方法。

那就是**把浴室的照明从白色系(昼光色、昼白色)换成暖色系(灯泡色)**。

暖色系的照明在十元店也有卖,可以轻松地更换。

如果已经是暖色系的灯泡的话,则建议六十瓦→四十瓦→二十瓦,逐渐降低瓦数。

本来入浴就很令人放松,再通过降低照明亮度,就可以成倍提高放松的效果。

这个方法比较简便易行。

大脑在黑暗的环境下会分泌出褪黑素。

人类从七百万年前开始,就适应了天黑就会困倦的生活模式。

好好利用身体的这种构造，取得高质量的睡眠，迎接美好的早晨吧。

改掉在床上看手机的习惯！

褪黑素分泌后自然会犯困，引导你进入舒适的睡眠。

虽说不是必须从睡前两小时开始在昏暗的房间里度过，但是想办法调暗浴室和自己房间内的照明还是有帮助的。

另外，还有一个比照明更大的问题。

那就是智能手机。

现在失眠的人不断增加，据说其中一个很大的原因就是智能手机。

我听说从电子设备的显示器发出的蓝光对人体不好。

如果是电视的话还有一定距离，但是手机离我们只有三十厘米左右。

即使戴上遮挡蓝光的眼镜，也会受到相当大的影响。

据说来自智能手机的蓝光不仅会降低睡眠质量,还会通过电磁波分解褪黑素。

这也是需要充分注意的。

我在研修班中讲到"请不要在床上看手机"时,有很多人持反对意见,他们认为"就这个习惯无论如何也改不掉"。

既然这个习惯如此根深蒂固,我也不会要求马上停止。

只要慢慢减少每天在床上使用的时间,最后达到没有就可以了。

停止在床上玩手机、调暗光线来增加褪黑素虽然有助于睡眠,但是还有一些人不习惯在黑暗的地方打发时间。

做点什么好呢……他们甚至会觉得睡觉之前的时间很无聊。

那我们就来考虑一下,在那个时间里做什么,对自己的未来有意义呢?

使用智能手机的朗读功能,"听着书"入睡

接下来,我将介绍一个既可以保证舒适的睡眠,又有助于提高自我的方法。

我每天也在这样做。对于睡眠导入,简直没有比这更好的方法了。

建议大家一定要参考一下这个做法。

那就是**利用智能手机的朗读功能,"听着书"入睡**。

智能手机的应用软件、亚马逊的 Kindle(电子书阅读器)应用软件都有这个功能。

通过阅读 Kindle 上保存的书,既可以学到知识,又能引导你舒适地入睡。

实在是一个一箭双雕的好方法。

比如,我喜欢的是 D. 卡耐基的《人性的弱点》和拿破仑·希尔的《思考致富》。用朗读功能收听这两本书,不知

道为什么很快就能睡得很香。

想就这样睡着的人，最好设置三十分钟的关机时间。

另外，和家人一起睡觉的人，也可以使用耳机。

要想在工作中取得成绩，学习知识是必不可少的。

但是，在十分疲劳的状态下很难看得进书。

即使勉强打起精神看书，导致睡眠不足，第二天脑子不清醒的话，也得不偿失。

"买了书也没时间看"的人越来越多。

这样的烦恼也可以在睡前使用阅读功能"听书"来解决。

不仅在睡觉前，在移动中和不用动脑筋的工作中也可以听，不知不觉就会把积攒起来的图书消化掉。

也可能有人还没有使用过电子书吧。

大家可以用智能手机下载电子书，如果有兴趣的话可以试一试。

用智能手机的朗读功能"听"书
以 iPhone 为例

①点击 iPhone 的【设置】→【辅助功能】

②点击辅助功能的【朗读内容】

③将【朗读屏幕】设为 ON

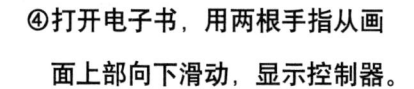

调整朗读速度

④打开电子书,用两根手指从画面上部向下滑动,显示控制器。

下载之后,就用智能手机或平板电脑打开书的画面,点击朗读功能。

朗读功能的设定,根据手机种类和操作系统不同而不同,我用图片举个例子供参考吧。

当然,根据自己的喜好还可以把朗读速度在睡前调得慢一点,起床以后调得快一点,等等。

通过身体和头脑的排毒,大大改善身体状况

为了提高工作效率而调整身体状况、进行健康管理的人越来越多了。

去书店的话,有很多这类的图书,已经成为一种热潮。

身体状况与工作成效密切相关,这已经是一个基本常识。

改善身体状况的方法有很多,**"重要的是将体内毒素排出体外"**成为大家的共识。

如果毒素堆积过多,即使吃了好东西,效果也会降低。

所以不论什么方法,都要先从排出毒素开始。

身体排毒的方式有很多。

我觉得对我最有效的排毒方法是,**上午只喝饮料,不吃固体食物**。

在这期间,摄取很多水分。

这样的话,从前一天的晚饭到第二天的午餐就形成了"十八个小时不吃固体食物"的简易断食的感觉。

这会使头脑一直保持清醒,工作也会进行得特别顺利。

每当感觉身体有点沉重,或者感觉工作忙不过来的时候我就会这样做。

如果在网上搜一搜,关于身体排毒,还有其他的各种方法。

可以选择适合自己的、不会对身体造成很大负担的方法来尝试一下。

在这里我更想传达的不仅仅是身体的排毒,还有"**头脑**

和心理的排毒"。

我会定期做头脑的排毒。

比身体排毒频率还高,每周要做两到三次。

方法很简单。

首先准备一张纸,写出"介意的事情"。

从个人情绪上的各种烦恼和不安,到"还没完成那个PPT"等因做不完而焦虑的工作等,总之都要写出来。

我喜欢用记笔记的方式,用纸和自动铅笔写出来,当然也可以使用电脑和智能手机的笔记功能。

只要把这些烦恼用文字写出来,心里就会感到清爽许多。

如果还有时间的话,再从写好的"担心的事情"中,把"经济萧条""明天天气会很糟糕"等,个人无法解决的烦恼用斜线划掉。

我就用睡前的三分钟去排除头脑中的毒素。

只要实际做一下你会发现,真的是很清爽的。

我保证这是一个非常有效的,能让第二天早上顺利起床的好办法。

不影响早起活动的饮酒方法

提起早起活动最大的敌人，莫过于"酒"了。

虽说现在已经有所减少，但人们还是愿意打着"忘年会、新年会、季度和月末的庆功宴"等旗号张罗各种酒会。

尽管有的公司并不强制参加，但是为了和同事、朋友交流，还是要尽可能参加吧。

酒会也是一个与平时很少见面的其他部门的人，以及很少有机会说得上话的上司等构筑良好关系的机会。

话虽如此，但如果忘乎所以地喝了太多酒的话，第二天早上就不能早起了。

如果喝得酩酊大醉，第二天上午也做不了什么事了。

所以，为了有效地使用早晨，需要学会饮酒的方法。

喜欢喝酒的人一开始喝就停不下来，我也是这样的人。

虽然刚开始的三十分钟左右还可以保持清醒,但不久就会放任自己说"没事儿,没啥大不了的",而把明天的事情完全忘在脑后。

所以,在这里我想建议如下:

为了兼顾酒会和早起,**请在一次会上充分享受交流,而不要参加二次会**[①]。

我过去参加过很多二次会。

当时感觉很开心,但最后总免不了被剥夺金钱、时间和体力的下场。

而且,会给第二天早上留下严重的后患。

可以说基本上只有负面作用。

也许有人觉得"不去二次会有些尴尬",但其实彼此都醉醺醺的,也只会在意那一瞬间。

只要你坚定一点说"今天就告辞了"而转身离去的话,就没有任何问题了。

所以,最好的办法就是充分享受一次会,痛痛快快地

[①] 第一次聚会结束后更换场地再举行的聚会。——编者注

告辞准备第二天的早起。

话说回来，聚会毕竟是偶尔的，所以即使稍微影响了第二天的早起活动也在允许的范围内。

我觉得这个也可以不那么较真儿。

问题是每天的晚酌。

习惯晚酌的人会说"晚上不喝就睡不着"。

还有人说"到家后的那一杯是最开心的"。

因为我自己也有长年晚酌的习惯，所以这种心情我完全理解。

几十年来每天都喝的我，现在在家里已经戒掉了。

其实养成不喝的习惯，也就可以不喝了。

改变晚酌的习惯也不建议"从今天开始滴酒不沾！"而一下子停止。

出现戒断症状后，往往会瞬间反弹。

这也可以用婴儿步伐的方法慢慢改变。

如果是每天喝的人，一开始要每周休肝一次。

习惯了以后，再增加为一周休肝两次。

最终以"零夜酌"为目标，但千万不要让自己有压力。

我的一位喜欢喝酒的朋友不愿意有休肝日，改为晚酌的第二杯开始喝无醇的酒，他告诉我"这样调整之后早上醒来时舒服多了"。

所以不要着急，慢慢改善就好了。

本来酒也是乐趣之一。

掌握好饮酒方法，反而会对早上的活动有好处呢。

要想提高工作效率，应该"吃什么"和"不吃什么"

在这里，请允许我再谈谈提高工作效果的吃法。

我既不是医生也不是营养师，所以就让我来告诉你从实际体验中感受到的有效方法吧。

参加研修班的单身的年轻学员中有很多人会说,早上来不及好好吃饭,所以午饭就使劲地吃个饱。

问到理由,他说:"早上没时间,也不太想吃。而晚上吃的话又会发胖,所以中午就必须攒一起大吃一顿。"

中午狠狠地吃饭时感觉虽然很好,但问题是吃完之后怎么办。

被可怕的睡魔缠裹着,工作效率会一下子降一大截。

我也正是在这个模式中工作了许多年。

早上什么都不吃,血糖很低,脑子不工作;下午肚子撑得厉害,又饱又困,脑子不转弯儿。

可以说这是最低效的饮食方法。

简而言之,你只要反过来做一下就对了。

据说身体最消耗能量的行为是消化。

当胃里进来食物之后,就会通过蠕动运动和搅拌运动很好地搅拌食物。

然后，内脏器官分泌胃液和消化酶进行消化。

如果你处于身体的立场会怎样呢？

在你休息的时候，突然有大量的食物塞进来。

而且再有不好消化的食物就更麻烦了。

那就要启动内脏器官，分泌大量消化酶，开始重劳动。

在这种情况下，当然无法再给大脑输送足够的氧气了！

从身体的角度来考虑，**最理想的应该是"既好消化又能轻松转化为能源的食物"**吧。

那么，我来介绍一下我自己的饮食方法吧。

之前在排毒那一节也提到过，工作多的日子，我在上午是不吃固体食物的。

但是，如果什么都不吃血糖值就会下降，能集中精力的时间就会缩短。

于是我就会喝蔬菜汁或水果汁。

有时是市面上卖的果汁，有时会用榨汁机榨生的蔬菜和水果来喝。

因为果汁没有纤维,所以不会给肠胃造成太大的负担。

身体既会感到很轻松,又可以摄取必要的能量。

这种情况下也许有人会想:"如果是以补充能量为目的的话,糖分会更好吧?"

而砂糖是单糖,一下子就可以使血糖值上升。

短时间确实会很好,但问题是血糖值持续不了很长时间,过一会儿就会一下子降下来。

血糖值下降会令人感到烦躁,注意力也容易分散。

咖啡因也有同样的特点。

我试过各种食物,感觉还是蔬菜汁或者果汁效果比较好。

早上就这样轻松地喝一点,上午能把工作都做完的话,午饭可以正常吃。

如果还有没做完的工作,就要吃八分饱。

当时虽然会感觉有点没吃饱,但是下午可以在不困而且精神饱满的状态下工作。

大家也都听说过吧?"每餐八分饱,健康活到老",八分饱对健康是很有好处的。

以前我还尝试过"不同时摄取蛋白质和碳水化合物""饭前先吃沙拉"等办法,但感觉不太有效果。

当然,过分在意吃的方法也会形成一种压力。

所以我晚上不会太克制自己。

喜欢吃什么就吃什么。

然后,困了就睡觉了。

用这种模式吃饭的话,晚上自然就会早睡,早上也就自然会随之早起了。

我在工作忙的时候采用**"早上喝果汁,中午八分饱,晚上自由吃"**的模式之后,不仅工作效率提高了,身体也变得健康了。

体重又回到高中时代的水平,行动也更加迅速了。

我的经验仅供大家参考。

工作结束时要花一分钟进行"清洁整理"

在运动的时候为了不受伤，要做准备体操和整理体操。
越是一流的运动员，越会注重这些基本中的基本。

这在工作上也是同样道理。
不会工作的人，大体上都会轻视这些基本操作。
我的悲催营业员时代就是这样。
工作结束后，因为恨不得早一分钟离开公司，总是连桌子都顾不上收拾就走了。
当然，第二天是乱七八糟的状态。
于是我就只能在仅存的狭窄空间里工作。
不仅桌子上，抽屉里也乱七八糟，不知道里面装了些什么。
电脑的桌面上也到处都是文件夹，不知道东西在哪里。

在这样的环境里，怎么可能有效率地工作呢。

相反，我的一位顶级营业员的前辈很爱整洁。

文件和电脑也整理得很有序。

那个前辈工作结束时，回去前的几分钟一定要做一下清洁整理。

当我问他时，前辈说："桌子很乱的话，第二天早上来上班的情绪会受影响。"

又过了几年之后，我开始提前三十分钟去公司上班。

这个时候，一看到乱糟糟的桌子，情绪也会一下子低落下来，心里会嘟囔："嗯？怎么搞的？怎么这么乱啊……"

而且，在电脑上找不到需要的文档，也会让干劲儿一下子消失。

这样一来，好不容易提前三十分钟上班的意义就泡汤了。

为了早上能心情舒畅地开始工作，请在工作结束时简单整理一下。

刚开始的时候只整理一分钟也没关系，只整理一个地方也可以。

其实我自己也是非常不擅长清洁整理的。

有一次，因为下班前还有时间，所以只把桌子抽屉的一部分整理干净了。

当一个地方变干净以后，自然而然地就想把其他地方也收拾干净。

这样一来，桌子一带就逐渐被整理干净了。

可是如果想一口气就把整个桌子收拾干净，马上就会嫌麻烦了。

不必一口吃个胖子，可以"今天先收拾抽屉的一部分，明天整理电脑的这个文件夹"这样一步一步来。

环境好了，工作的速度和早起活动的积极性就会提高。

一大早能否心情舒畅地开始工作，对于当天的工作进展顺利与否是有很大影响的。

为了能更有效地利用早上的时间，建议在工作结束或去卧室前的一分钟内，养成为第二天早上整理一下的习惯。

白天困倦时的"短时冥想法"

晚上睡得舒服的话，早上醒来会渐渐变好。

如果连续早起的话，就会有比预定的时间更早醒来的日子。

比如，本来预定早上六点起床，可是五点钟就睡醒了。

这是身体循环提前的象征，是值得高兴的。

这种时候，你该怎么做呢？

选择有两个，要么是"到点之前再睡一会儿"，要么是"索性一口气爬起来"。

我推荐的是"一口气爬起来"。

把早起的一小时当作"天赐的时间"，好好利用。

因为比预定的时间还要多一小时，所以可以更加悠闲地度过美好的时光。

这个时间用来做什么都可以,但问题是白天也许会犯困。

那么,就让我来介绍一下我常做的**"短时冥想法"**吧。

工作中有点空闲的时候,你会做什么呢?

我想很多人都会回答"我会查看手机"。

研修的时候每小时休息一次,一次休息十分钟,那个时候,学员们都会一齐看手机。

不知什么时候起已经到了这样的时代。

如果手机里确实收到了客户的紧急联络,无疑应该马上应对。

但是,其他情况下休息的时候就不要玩手机了。

取而代之的是,来做一下冥想吧。

说是冥想,也没有那么夸张。

在原地"闭目三分钟"就有足够的效果了。

我的选择是,盘起腿坐在打电脑用的椅子上,闭上眼睛，安静地调整一下呼吸。

有人说"要四秒吸气，八秒呼气"，好像通过数数可以防止产生杂念，但这不适合我。

是否适合自己需要做一下试试看。

我能感到的只是"比平时更慢地吸气，更慢地呼气"。

同时，使呼气的时间比吸气的时间略长一点。

只要这样，头脑就会复苏，睡意也会被赶跑，注意力也会恢复。

只是，在办公室里闭上眼睛的话，也许会被认为"那个家伙在打瞌睡"。

其实冥想也不一定非得闭目呼吸，只要专注于某件事就可以了。

比如，午餐的时候，不要去想"啊呀，那个工作的期限快到了！"等无关的事，只要集中于"好好咀嚼品尝饭菜"就可以了。

这样做既有利于消化，也会成为一种冥想状态。

所以提早醒来时，就一口气爬起来，好好使用这个天赐的时间。

然后白天有睡意的话，就用冥想法来补救吧。

早上尽量不去看新闻

可能很多人起床后会马上去看新闻。

也有人把它当作现代人的常识，多年来已经养成不看不行的习惯。

请在这里思考一下。

电视和网络上播放的新闻，以什么内容为中心呢？

杀人事件、虐待、事故、政治问题、国际问题、经济恶化等。

百分之八十都是消极的话题。

很少有"年轻人救了老爷爷"这样明朗的消息。

你是否也有因为一大早看了杀人事件的新闻而使心情变坏的经历呢。

早上的新闻大部分都是让你情绪低落的。

为了用好早上的时间而很早起床。

那么此时看了电视或读了网络的消极新闻，会怎么样呢？

即使本来干劲儿十足，情绪也会受到影响吧。

更不用说，早上醒得不舒服，或者干劲儿不足的时候，如果接触到降低情绪的坏消息，当然更会萎靡不振。

说到这里，也许有人会说"不看新闻就跟不上话题了"。

这种情况下，只需花一分钟的时间确认一下网络标题就好。

当认为有必要时，再点开详细读一读。

我有好几年早上没开过电视了，但也没为话题发愁过。

用早上宝贵的时间，了解杀人事件的详细经过和虐待发生的具体情况，对自己完全没有什么好处。

在这段时间里，做些让自己快乐、对工作有帮助的事情有意义得多。

早上没有干劲儿的人，往往会在不知不觉中被外面的世界牵着鼻子走。

在没有干劲儿的状态下上班,就像汽车没有开动引擎,白白浪费了早晨的宝贵时间。

相反,会工作的人,知道怎么调整早上的状态,在正式工作之前,已经很好地让自己精神饱满起来。

区别就在于此。

早上请尽量规避消极信息。

在空出来的这部分时间里,试着加入对自己有益处的内容吧。

比如说一说能让自己情绪高涨的话,或者读一读自己希望达成的目标也可以。

做自己喜欢的事,听自己喜欢的音乐也很好。

总之想办法提高自己的能动性吧。

早起之后,因各种噪声难以集中精力时

假设你前一晚睡得很早,第二天很痛快地起床了。

正当你想"好嘞,开始工作喽!"的时候,从邻居家传来令人头疼的噪声。

越想"不要在意",越会分心。

这样的话,难得的早起活动时间就泡汤了。

那么,这种时候该怎么办呢?

我住在一个住宅区。

尽管平时都很幽静,但有时也会因为各种各样的原因产生令人烦恼的噪声。

工作忙的时候更是令人抓狂。

在这种时候,我采取的是**"利用噪声加强注意力"**的方法。

光是从理论上讲,可能有点儿难以理解,所以我来举个事例,详细地加以说明吧。

前面我已经说过"我在做瑜伽"这件事。

在瑜伽教室做瑜伽的时候,首先一定要静心引导。

就像简单冥想一样的感觉，做几次深呼吸让心平静下来，观察内心的感受。

在做这个静心引导的时候，有时会被外面的噪声干扰。

因为瑜伽教室是临街的，所以能听到车和人的声音。

常常一边做着冥想，一边想："唉，刚刚好不容易集中注意力了……"

每当这时总觉得特别倒霉。

有一天，当我和瑜伽的前辈讲到这个烦恼时，他说："正是要利用杂音来进入更深的意识观察呀。"

比如，听到汽车的噪声，就在心里想象"那辆车的引擎是什么样的？什么人坐在车子里？"等等。

闭上眼睛想象的过程中，可以一下子回到集中注意力的状态。

或者是把噪声想象成"这个声音很舒服"。

杂音是一个不可思议的东西，有时令人感到舒服，有时则令人感到不舒服。

比如说，如果在咖啡厅，你可能不会在意，但是在公司里就会觉得"那家伙敲打键盘的声音真烦人"。

总之，**如何捕捉那个杂音，决定了你会觉得舒服还是不舒服。**

如果你觉得烦的时候，想一想"他也在努力工作呢"，这么一想心情就会改变不少。

总之，想办法使无论什么东西都有利于集中注意力。

虽然我这样告诉你们，但我自己也还远远没有达到那个境界，所以，每天都在为实现这个目标而努力。

早起活动的时间和在公司工作的时候，有时旁边的人会发出令人分心的声音吧。

这种时候越想"好吵啊，能不能安静点"，就会越烦躁，工作也无法顺利进行。

此时应该让自己想象"这个声音反而会增加注意力"。

或者也可以利用"他那么努力，我也要加油啊"来提高自己的干劲儿。

光是这么想心情也会大不相同呢。

让我们成为把任何东西都能很好地用于提高注意力的人吧。

明确"早起的理由"和"早下班的理由"

为了保证早起活动,需要逐渐减少加班时间。

因为晚上加班到很晚的话入睡会变晚,养成早起的习惯也会变得很难。

在时间术的研修中,我一定请学员写出:"下班后想做什么?"

比如:

·跟孩子一起玩;

·去喝酒;

·看美剧;

……因人而异。

什么理由都可以。

我本人则是:"早点回去一边稍微喝点儿酒,一边看黄金时段节目的现场直播"这样一个很不起眼的目标。

但是,写下来是非常重要的,**只要明确了"想早点回去做某某事",处理工作的速度才会大大提高。**

我在进行个人咨询时发现,表示"唉,怎么也无法按时结束"的人多数是没有想好下班之后做什么的人。

如果真没什么事还是好的。

甚至有些人是"不想早回去"的人。

我也有过这样的上司,经常被迫陪着加班。

首先请列出"想早下班的理由"。

接下来再写出"想早起床的理由"。

可以参考第一章的"最适于早上做的五件事",也可以自己思考一下理由。

把它写下来,放在床边就能迎来一个愉快的早晨。

第五章小结

· 能否有效地使用早晨取决于"前一天夜晚"的度过方式。

· 不要在床上看手机,而是通过手机"听书"吧。

· 定期进行身体排毒、头脑排毒。

· 酒会到第一次聚会为止。

· 午饭不吃太多。

· 工作结束后的一分钟,是清洁整理的时间。

· 明确"早下班的理由"和"早起的理由"。

第六章

让工作和人生获得百分之一百二十满足的更高层次的"早起活动"

◎ 通过"早起动力革命",打赢人生翻身仗

开始工作后的三十分钟应该抓住的三个要点

按时完成工作实现早下班的必要前提是"好的开始"。

如果总是气喘吁吁踩着点儿上班的话,就没办法有好的开始。

就像职业运动员需要充分热身一样,**工作效率高的人也会在之前做好充分的准备。**

我是进入公司第八年才逐渐进入角色的比较迟钝的营业员。

由于公司工作方式的转变,使我的工作业绩突然提高四倍,当然工作量也随之一下子增加四倍。

能签到更多的合同无疑是件高兴的事,但却忙得从早到晚应接不暇。

而且,越在紧张繁忙的时候,会计越要求进行细致的修订。

有时我甚至会恼火地埋怨对方:"搞什么啊!这点事儿你帮我做了不就完了吗!"

这种情况下与周围朋友的交流自然也变得越来越少。

当后辈过来讨教时,也会不耐烦地说:"你就自己看着办吧!"

无论是什么样的人,如果自己焦头烂额,就无法善待别人。

这种情况累积起来,和周围人的关系就会不断淡化甚至恶化了。

不知不觉中就会被孤立起来。

于是,我被迫开始了"早起活动"。

提前三十分钟上班,先做一点工作出来。

在上班时间前做出一部分工作,时间和精神都会变得从容一些。

这样一来，工作和人际关系都开始了良性循环。

那么，接下来我就介绍一下在早晨刚开始工作的三十分钟应该掌握的三个要点。

当然最理想的是上班前的三十分钟，但如果是公司规定不能提前上班的人，就从开始工作后的三十分钟开始也可以。

第一个要点是用这三十分钟"做让自己情绪高涨的工作"。

对于营业员时代的我来说，最能让我情绪高涨的工作是"做对客户有意义的事"。

具体来说，是向将要购买我们的产品的客户发送有价值的信息。

比如一封主题为"自建房子的客人最易后悔事项汇总"的信，是对即将考虑自建房子的客人非常有用的信息。

我每天早上给三位客户发送这封信。

发送了这个有用的信息，大脑会输入"我做了有意义的事"的信号。这样我就可以心情愉快地开始一天的工作。

在开始工作之前，"做一件有意义的好事"对提高心情有超好的效果，请一定要试试。

第二个要点是要将这三十分钟用于"提出新的想法"。

也许你会觉得短短三十分钟是不能静下心来好好思考的。但是早上是头脑最清晰的时候，所以会产生很多积极的好点子。

请把这个时间用在制作企划案、提案书上吧。

第三个要点是用这三十分钟"制订今天的计划"。

到了傍晚再说"哎呀，今天做这个就好了，今天忘了做那个了……"那就是后悔也来不及了，但是在早上的话，怎么都可以调整。

看一看手册或日程，仅仅在脑子里规划一下"今天做这些事吧"，就能很好地提高工作效率。

早上短短的三十分钟，真的能做很多事呢。

首先从能使自己情绪高涨的行动开始，开启心情愉快的一天吧。

制作能让人鼓足干劲的装置，从早上开始"发射火箭"

刚才在早起活动的三个要点上说了，第一个就是"做让自己情绪高涨的工作"。关于这一点，我再详细说明一下。

即使是工作能力很强的人，也会有"今天好像打不起精神"的时候。

普通人可能就会放任自己，"算了，不着急，到下午引擎启动时再说吧"，而消极等待情绪好转。

我自己也是这样。

但是，**上午打不起精神的话，下午往往也不会有干劲儿。**

不仅如此，甚至会越来越什么都不想做了。

可是能干的人就不会这样放任打不起精神的日子。

他会制作出能让人产生干劲儿的装置，使自己的情绪高涨起来。

我认识的一位食品公司的首席营业员，会通过"电话营销"来提高情绪。

如今这个时代，用电话联系业务几乎没有人理睬，进展当然不会顺利。

可是他并不是以电话营销成功为目的，而恰恰是因为会被客户拒绝而产生激昂的情绪，对自己说："好吧！看我的！"

也许一般人会感到失落，但他却会因为被拒绝而鼓起干劲儿。

把这种拒绝当成对自己的鞭策了吧。

当得到上司指派，需要进行"电话营销"时，不是被动应付，而是像那个营业员一样，为了给自己以活力而主动去做，这样就会好得多吧？

另外，还有一位认识的在化妆品公司工作的管理人员说，他在情绪不高的时候，会给其他部门的人打表示感谢的电话。

比如曾让某个员工帮忙联系过一位很难说话的客户。

一大早就打电话给那个员工说："关于 A 公司交货的事情，谢谢您帮忙撮合。客户也非常满意。"

听到这番感谢的话，对方会很高兴，自己的情绪也会被对方感染而随之提高起来。

这是很值得推荐的方法。

如果想不出有这样的对象，那就写一封回复的邮件试试吧，然后对自己说"嘿！来吧！加油！"并轻轻做一个胜利的动作。

我偶尔也会这么做，出乎意料地会使情绪上升。

情绪不高的时候，不要空等干劲儿的到来，而是自己行动起来积极地提高情绪吧。

为此要准备一两个行动模式。

千万不要养成"习惯性拖延"的坏毛病

养成早起的习惯很重要,及时完成工作的习惯也非常重要。

决心成为"工作效率高的人",从而有意识地提升工作速度,慢慢就会养成快速工作的习惯。

而且,这个习惯会让你成为"超级舞者"。

遗憾的是反过来也是成立的。

一再拖延工作,那就变成习惯了。

这种习惯会造就工作效率低的人。

我曾经与关照过我的编辑聊过这个话题。

他干出版这一行是半路出家,以前是在完全不同的行业工作。

他说在原来那个行业的时候,"从来都没有拖延过"。

可是出版业界不知什么原因,好像大家都默认"可以比截稿日期晚一点交稿"。

令人吃惊的是甚至有到了截稿日才开始写作的猛人。

比截稿日期晚一两周交稿是常有的事。

这在其他行业是难以置信的。

他刚进入出版行业的时候,会"踢着作者的屁股",催促其严守期限,自己也会遵守期限完成工作。

但是,随着对工作的习惯,他发现了即使稍微晚一点也没问题的安全"红利"。

渐渐地,这个编辑自己也养成"拖得晚点也没事儿"的习惯,把自己的工作也尽可能地拖到不能再拖的时候。

据说就这样养成了习惯性"拖延"的毛病。

然而,会工作的人是一定会遵守期限的。

也就是说,哪怕是发送一点资料或者私人约定等,无论多么细小的事情都不会逾期去做。

理由是害怕养成爱拖延的坏毛病。

我有一些要定期参加的会，而参加这些会议的没有爱迟到的人。

大家都会按时出席，甚至即使提前五分钟到，都会感觉有点晚了。

成员之间如果说好"明天之前会发送某某的数据"的话，也毫无疑问会在第二天收到所说的数据。

绝不会有拖延的事。

也许正因为如此，大家的工作都很出色。

每个人都会做各种各样的约定吧。

相信大家在和客户的约定以及重要的工作方面一定会拼命遵守期限。

但是，如果是公司内部提交的东西或者和朋友的约定，就容易不注意了。

其实一些小事就会养成爱拖延的毛病。

所以只要约好了，就一定要遵守期限。

早起做的活动必须设定时间限制

我觉得自己是"工作效率比较高"的人。

既不拖延工作期限,还会注意尽量往前赶。

之所以能养成这样的速度感,主要是因为有一位尊师的教诲。

他是一位住宅公司的社长,工作量应该是我的两倍,甚至三倍以上。

公司的管理、人事、销售战略等自不必说,他同时还会积极参加所在地的社区活动以及孩子学校的活动等。

他不仅能完成这么大量的工作,而且总是很轻松的样子。

此外,每次见面,他还常说"最近对某某领域产生了兴趣,正在开始学习"等,进一步扩大活动的范围。

他越说我越会不可思议地想:"哪来那么多的时间呢?"

有一次,我向他请教时间的使用方法。

他说："那就是把所有的工作都当成学校的考试。"

考试是有时间限制的。超过一秒也不行。

过了时间，即使再好的答案也无法写在答题纸上了。

考试的规则就是在规定的时间内发挥自己的能力。

把工作当作学校的考试，就不会再拖拖拉拉的了。

没有时间限制，工作起来就会拖拖拉拉，准确度也不够。

回头看看做完的内容，很多时候还要再次修改。

结果又浪费大量的时间。

我之前也没有设定过工作的时限。

因为没有期限限制，所以总会有"先简单弄一下，以后有空再慢慢完成"的想法。

结果，总是一而再，再而三地从头开始工作，白白浪费了时间。

后来，我在早起活动中开始设定时间限制。

不仅是做工作和写书稿，更新博客和回复邮件我也用手机设定计时器，定好时限。

从那以后工作速度果然加快起来了。

刚开始不习惯的时候可能会因为时时在意时间反而难以集中注意力。

可是习惯以后很快就会适应。

大家从小学到初中、高中、大学都参加过数不清的考试。

所以在工作方面也不会做不到。

而且一旦做起来，还会想出很多窍门。

工作效率高的人不会做没有时限的工作。

首先，从早起活动开始导入时间限制怎么样？

能够长期坚持早起活动的人，擅于把握紧张和松弛的平衡

迄今为止，我接触过很多顶级销售人员。

顶级销售人员分为两种类型。

就是"短时间内屏住呼吸出成果型"和"长期持续出成果型"。

"短时间内屏住呼吸出成果型"的顶级销售员，总是从早到晚日程安排得密密麻麻。

与客户的商谈也是从早到晚，安排得满满当当的。

吃饭也舍不得花时间，几乎不休息。

一边走路一边用手机打电话，就连上厕所的时候也在和谁通话。

迄今为止，我见过的这种类型的人，都坚持不了多久，只能维持短时间的顶级销售员的荣誉。

这么拼，身体和精神都难以为继。

另一种"长期持续出成果型"的顶级销售人员，看上去总是在游刃有余地打发时间。

集中精力迅速完成工作，之后就会和周围的人愉快地交流。

不是耗时间长期扎在工作里，而是到了一定的时间就好好休息。

有张有弛地工作。

这样的人才会长期持续出成果。

在你的公司里，也一定会有那么一两个人，即使工作量再大，也总能愉快胜任。

这样的人，并不是有什么非凡的能力。

只是因为知道自己的节奏，在疲劳之前就好好休息而已。

这个适时好好休息就是长时间、持续集中精力工作的诀窍。

人都在一定的节奏中活着。

通过了解自己的节奏，就能持续集中精力。

例如，有人觉得五十分钟休息一次比较好，也有人认为九十分钟休息一次为好。

这一点多试几次就可以知道了吧。

无论是多么能干的人，也不可能一直集中精力。

无论是早起活动的时间，还是白天工作的时间，都要劳逸结合，张弛有度地安排好。

为了更容易坚持下去，设定必要的"奖励时间"

我在早起活动的时间也会回复邮件。

因为早起活动的时间有限，所以只给最需要的人回信。

虽然这么安排本身挺不错，但问题是每次总能看到其他各种邮件的标题。

如果因为被标题吸引而打开邮件的话，通常会有"详情请看这里"的链接。

如果接下来想"打开看看吧"，往往注意力就被吸引过去，那整个思路就脱轨了。

在各种信息铺天盖地的当今，人人都在千方百计地思考"怎么做才能让自己的信息比别人的更引人注目"。

如果不加小心的话,一转眼就会被他们吸引过去。

我的一个工作伙伴每次见面都会说"真的很害怕YouTube(视频网站)"。

如果在手机上关注了一个话题,紧接着就会定时给你推送海量的"你感兴趣的信息"。

随便点击一个"似乎有点意思"的推送,也许这个视频三到五分钟就可以播放完毕,但旁边就会跳出更多"相关的你会感兴趣的视频",吸引着你不由自主地继续点击。

这样的话,十五分钟、三十分钟就很容易在不知不觉中损失掉。

话虽如此,但也不能无视所有的信息。

某种意义上说,信息的浏览也可以用于提高工作的干劲儿。

我最近做的是"**在工作日程中安排一定的奖励时间**"。

比如说,"完成这项工作之后,可以看看昨天的比赛结果"。

我是福冈软银鹰队①的粉丝,但是看夜场比赛时,往往会在比赛结束前睡过去。

次日,我非常渴望知道结果。

把浏览结果作为一个奖励的话,工作进展就会非常顺利。

你也有喜欢的信息吧。

请在工作中设定一下奖励的时间。

在做有点难度的工作之前,先预定好"做完这个,就可以看某某信息"。

这样的话,就能以此为目标而努力了。

工作起来也不会拖泥带水,过程也会很开心。

在"把早上的工作当作考试"中,试着加进来"休息或奖励的时间"吧。

---

① 隶属日本职棒太平洋联盟的一支棒球队。——编者注

早起活动的时间就会变得充实好几倍。

通过百分之五的变化克服早起活动的机械重复感

我很重视每天的规律性。

了解我的生活方式的人曾经问过我:"每天做同样的事情不会感到厌烦吗?"

我不会感到厌烦。

不厌烦的理由是我在"享受着小小的变化"。

我说过起床之后马上会喝两杯水。

我常常会变换那两杯矿泉水。

现在市面上有卖各种各样的水,比如硬水类和软水类,等等。

每当买了新商品后,我会一边兴奋地想象,"这杯水会是什么味道呢?"一边盼望着明早的实际体验。

虽然很微小,但是只要有一点点变化,日常生活就会变得有新鲜感。

我认识的一个人每天早上变换吃水果的种类。

如果慢跑的话，改变路线也是不错的主意。

不拘什么，只要稍微改变一下就好了。

熟悉脑科学的朋友告诉我："大脑是容易产生厌倦情绪的，所以应该定期给予新的刺激。"

大脑只有身体重量的百分之二左右，却占能量消耗总量的大约百分之二十。

可以说是油耗非常高的部件。

因此，为了减少无谓的燃烧，大脑会把同类的事情归纳为"做过的事"而简化处理。

如果持续下去，大脑就会产生惰性，从而导致厌倦。

为了不让大脑懈怠，要经常给它"新的刺激"。

· 改变种类和品牌；

· 增减数量；

· 稍微改变一下做法；

- 加点花样；

……

从感觉上来说，有百分之五左右的变化就可以。

即使是些细小的变化，大脑也会变得兴奋。

为了不让自己也不让大脑感到厌倦，不断地给予一些刺激吧。

出奇制胜打赢人生翻身仗

早起活动的极致目标是"早上四点起床"。

我认为没有必要起得比这个时间更早了。

前面已经说明过了，从早上四点开始是输出的时间。

在那之前是吸收的时间段，如果勉强起床反而会对身体不好。

三点起床、两点起床普通人难以持续，通常也没有什么意义。

虽然目标是希望四点起床，但请千万不要勉强。

首先一天一分钟地早起，三十天创造出三十分钟的早起活动时间吧。

当充分习惯了三十分钟的早起以后，可以从那里开始再一天一分钟地早起。

这样持续下去的话，最终会在早上四点起床。

我花了三四年的时间习惯了这一点。

不要着急，慢慢来就好。

未来，能在四点起床的你，就站到了早起活动主人翁的位置。

这个时间段不会被任何人打扰，是只属于你一个人的时间。

到六点还有两个小时，到七点还有三个小时。

把这两三个小时全部用在工作上当然也可以，但我希望你能把其中一部分用在"你想做的事情"上。

我喜欢"出奇制胜"这个词。

"出奇制胜"是指爆冷门，在运动等方面指处于下风的人战胜上风的人。

我希望你在早起活动中能"出奇制胜"。

你是否曾经望着那些在聚光灯下照耀的人或胜利者，发出"他和我住在不同的世界"的叹息？

"我要是有时间，也会……"可能你会懊恼地想。

这种时候，非常希望你能为了实现一直想做的事情和曾经放弃的梦想，而活用早上的时间。

成年以后再学习的人就少了，能够为"梦想"而耗费时间的人也寥寥无几。

但如果能活用早上的时间，今后完全可能逆转。

本书介绍了有效利用早上宝贵时间的具体方法。

首先请通过早起活动加快工作速度，以"按时下班并能在工作中取得好成绩"为初步目标。

此外的时间，便可以作为实现梦想的时间而使用。

我通过早起活动，成功实现了顶级营业员、作家、咨询顾问、大学讲师等梦想。

三十年来都没有出过什么成绩的我，竟然能做出这么多成果，真是出乎意料，可以说是成功逆袭吧。

我通过早起活动成功出奇制胜！

接下来就轮到你了。

第六章小结

· 为打不起精神的早晨，事先做好鼓舞干劲的装置。

· 给早上要做的所有事情设定时间限制。

· 靠百分之五的变化来摆脱早起活动的机械重复感。

· 极致目标是"早上四点起床"。让人生实现出奇制胜的逆袭！

结束语

菊原智明令人眼花缭乱的一天

谢谢将本书读到最后。

衷心感谢。

最后,作为对这本书的总结,请让我介绍一下我的具有代表性的一天的日程。

希望能成为您早起活动的参考。

正如正文所述,我每天早上四点起床。

从一月一日到十二月三十一日,每天如此。

听到这里,也许有人会说"三百六十五天,每天四点起床吗?那太难了!"

可是我并不觉得这样很辛苦,反而正是因为感觉很轻松、很自然才一直坚持下来的。

我通常晚上九点睡觉，所以睡眠时间是七小时左右。

有人一听说四点起床就会产生睡眠短的印象，但是完全不是这样。

出差或晚上有应酬的日子，偶尔睡觉会变晚。

但是，因为已经习惯了早起，所以第二天还是会四点就醒。

长年早起的话，身体就会自然而然地醒来。

一周一半靠智能手机的闹铃起床，一半在四点前自然地醒来。

醒来后一边对自己说："啊，睡得很不错。今天会有新的期待！"一边痛痛快快地坐起来。

因为有充足的睡眠，所以能够心情舒畅地醒来。

卧室在二楼，所以起床后一边鞭策自己："好嘞！新的一天现在开始！"一边下楼。

下到一楼后按下电脑的开关，然后去卫生间洗脸、漱口、清洗鼻腔。

所谓清洗鼻腔，就是在温水里放盐，然后洗鼻子。

最初是为了预防花粉症,但是做了之后发现有助于很清爽地醒来。

而且还不容易感冒。

可能看上去会觉得痛,但其实是很舒服的。

温度和盐度是关键,决定水和盐的比例也像实验一样有趣。

盐可以用喜马拉雅山岩盐,也可以用冲绳的盐,有各种各样的选择。

这就是为了防止机械重复的百分之五的变化啊。

然后喝两杯水。

水也经常换品牌。

换盐、换水,对我来说是早上的乐趣之一。

于是到了四点十分。

那时电脑也启动了,就可以坐下来了。

首先是更新博客。

看着前一天记的笔记,开始写博客。

开始写博客的第一年时间,因为设定了三十分钟的时间,便会经常担心"快到点了吧?需要抓紧啦",这样一边惦记着时间一边写。

但是,现在已经可以通过身体感觉过了几分钟了,几乎每次都会在大约五分钟之前完成。

无论谁这样写了十五年都是可以做到的。

写完博客大约四点四十分。

但是,四点多钟的话还是太早,所以稍微等一下,到五点再更新。

之后开始写一小时书稿,或制作 PPT 的资料等。

在这个时间将精力集中到神一般的水平,就完全可以做出夜晚时间四到五倍的工作。

这样就到了五点四十分。

从现在开始回复重要的邮件。

只要不是工作特别多的日子,"到六点为止的约两小时内基本上可以完成八成的工作"了。

早上六点的时候,很多人还在睡觉。

在这里,已经完成八成工作的成就感是任何事情都无法替代的。

体会过一次就难以忘怀了。

从六点开始做早饭等家务,把女儿送到学校。

接下来是自由时间。

一周有两到三次,因为大学的授课和企业研修等要外出,其他的日子就可以自由安排。

如果在早起活动的时间内做完所有的工作,就会感觉一天很漫长。

我会通过做瑜伽、打高尔夫球、玩垒球等来活动身体。

到傍晚之前一直可以做喜欢的事情,然后吃晚饭、洗澡、睡觉。

我几乎不记得这几年晚上工作过。

早起活动彻底丰富了我的人生。

真的只有感谢。

假如没有开始早起活动的话……简直不敢想象。

你在这本书中学习了早起活动的诀窍。

请一定从今天开始踏出小小的第一步吧。

早起活动的时间每增加一分钟，再一分钟，我保证你的机会就会多一个，又一个。

最后，请允许我向出版制作人远藤励起先生和青春出版社的总编中野和彦先生致谢。

我和远藤先生已有十几年的交往，此次有缘再度合作。如果没有远藤先生的指导，这本书就不会问世。

中野先生，谢谢您总是细心检查原稿。请接受我发自内心的感谢。

最后的最后，请允许我用最诚挚的感情向家人说声谢谢。

感谢一直以来的支持。

销售顾问·关东学园大学讲师

菊原智明